뉴미디어 시대의
창작과 지식재산권

뉴미디어 시대의 창작과 지식재산권

초판 인쇄 2024년 1월 10일
초판 발행 2024년 1월 10일

지은이 방귀희
발행인 방귀희
펴낸곳 도서출판 솟대
등 록 1991년 4월 29일
주 소 서울시 금천구 서부샛길606 대성지식산업센터 B동 2506-2호
전 화 (02)861-8848
팩 스 (02)861-8849
홈주소 www.emiji.net
이메일 klah1990@daum.net
제작·판매 연인M&B (02-455-3987)

정가 25,000원

ISBN 978-89-85863-13-1(93300)

뉴미디어 시대의 창작과 지식재산권

방 귀 희 지음

도서출판 솟대

사람은

내가 알고 있는 것을 다른 사람에게 알리고 싶은 욕구가 있다.

그것이 미디어의 속성이다.

뉴타입으로 '새로고침'을 이끌어 내는 뉴미디어

우리가 어떻게 살아왔는가를 생각해 보면 정말 많은 변화가 일어났다는 것을 알 수 있다. 변화를 이끌어 낸 것은 새로움의 추구이다.

일본 최고의 전략 컨설턴트 야마구치 슈는 일찍이 뉴타입(new type)의 개념을 주장했다. 인간 관계에 의존해 미래를 예측하는 올드타입이 아니라 뉴타입으로 생각의 프레임을 전환해야 한다고 하면서 뉴타입은 문제를 발견하여 미래를 구상하고, 자신의 철학을 세워서 기존의 지식과 교양을 '새로고침'하는 사람들을 말한다고 하였다.

현대인의 새로고침에 가장 큰 영향을 주는 것은 미디어이다. 미디어는 인간의 전달 욕구를 채워 주기 때문이다.

디지털 기술의 발달로 공유, 개방, 참여, 소통 등이 활발해지면서 방송에 연예인이 아닌 나와 같은 사람들(someone like myself)이 등장하여 자아 존중감을 형성하면서 수동적 소비자가 아니라 기획적 소비자(creative consumer), 생산적 소비자(productive consumer), 슈어니어(suerneer, 전문지식을 가진 소비자)가 되고 있다.

이 시점에서 1981년부터 2012년까지 31년 동안 KBS, EBS, BBS, BTN 등에서

방송작가로 일하면서, 2007년부터 6년 동안 경희대학교 국어국문학과에서 '구성작가론' 강의를 하였고, 2013년 숭실사이버대학교 방송문예창작학과에서 강의를 시작할 때는 문화예술정책과 방송작가실기에 대한 강의를 하다가 현재는 '뉴미디어 시대의 크리에이터 되기'와 '공모전으로 지적재산 만들기'를 강의하고 있는데, 이들 강의가 항상 상위 10% 안에 들 정도로 인기가 있는 것에 용기를 내어 뉴미디어 시대의 창작과 지식재산권을 주제로 상식적이면서도 전문성을 갖춘 책을 집필하게 되었다.

16년 동안 방송 관련 강의를 위해 방송 현장 경험을 바탕으로 관련 서적을 공부하면서 만든 강의교안과 새학기를 준비하면서 보완한 내용들을 포함하니 한 권의 책이 되었다.

31년 동안 단 하루도 쉬지 않고 방송 일을 한 덕분에 나는 많은 사람들을 만나면서 사회문제에 관심을 갖게 되었으며, 이 사회문제를 해결하기 위해 어떻게 접근해야 하는지 경험적 능력을 갖게 되었다. 방송 일을 접게 된 것은 대통령 문화특별보좌관으로 임명을 받았기 때문인데 대통령실 업무가 낯선 일이라서 걱정이 되었지만 막상 접해 보니 생방송처럼 공공성을 갖고 순발력 있게 대처하면 되는 일이었다. 그때 느낀 것은 방송을 알면 모든 문제가 해결된다는 사실이었다. 나에게 방송 31년의 경험은 그 무엇과도 바꿀 수 없는 자산이었던 것이다.

내가 방송작가가 될 수 있었던 것은 1981년 세계장애인의 해 기념으로 KBS라디오에서 실시한 장애인생활수기공모에서 대상을 받았기 때문이었다.

공모전은 아무런 연고가 없는 사람에게 문을 열어 주고 그 문으로 들어가서 잘 적응을 하면 그것이 자신의 길이 된다는 것을 나는 직접 경험하였다. 그래서 나는 공모전 도전을 학생들에게 권하면서 어떻게 도전해야 하는지 가르친다. 뉴스 기사 공모전을 통해 기자가 된 학생이 있는 등 종종 공모전 당선 소식을 전해 올 때 가장 큰 보람을 느끼곤 한다.

과학 문명이 아무리 발달을 해도 사회문제는 계속 발생한다. 사회문제는 변화를 인식하고 그에 따른 적응 방법을 찾아내는 것이다. 그래서 진화론 학자 찰스 다윈(Charles Robert Darwin)은 '결국에 살아남는 종(種)은 강한 종이 아니다. 지능이 뛰어난 종이 살아남는 것도 아니다. 변화에 적응하는 종이 살아남는다.'고 하였듯이 앞으로 인류의 미덕은 변화에 적응하기 위해 계속 '새로고침'을 하는 것이다.

새로운 진화 코드인 초연결이 진행되고 있는 가운데 양극화가 더욱 심화되고 그로 인한 디스토피아(dystopia: 암울한 미래상)로 새로운 소외 계층이 나타나 또 다른 사회 갈등이 생기기 전에 얼른 자기 자신을 뉴타입으로 새로고침하기 위해서는 이 책이 적절한 가이드북이 될 것이다.

2024년 새해

방 귀 희

차례

가짜 뉴스를 가려내는 비판적 사고력

생산자는 어떤 의도로 이런 정보를 만들었는가.

생산된 정보와 데이터가 어떤 맥락에서 유통되며 소비되는가.

정보가 어떤 목적으로 제시되고 유통되는가.

제1장

미디어의 진화

1. 미디어 리터러시

1) 미디어 이해

ㅇ 미디어란

미디어는 어떤 작용을 한쪽에서 다른 쪽으로 전달하는 역할을 한다. 사람은 내가 알고 있는 것을 다른 사람에게 알리고 싶은 욕구가 있다. 그래서 새로운 정보가 생기면 참지 않고 다른 사람에게 말해 준다. 인간이 만물의 영장이 될 수 있었던 것은 바로 이 전달의 욕구를 생래적(生來的)으로 갖고 있었기 때문이다. 따라서 사람에게 미디어는 있는 듯 없는 듯하지만 없어서는 살 수 없는 공기 같은 존재이다.

ㅇ 미디어 의미와 구성

미디어는 기기를 통해 전달된다. 그래서 라디오, TV, 컴퓨터, 스마트폰 등이 개발되었다. 그런데 요즘은 더 발전되어 포털사이트, 동영상서비스, 애플리케이션 등의 플랫폼으로 미디어의 전달이 확장되었다. 미디어가 기기와 플랫폼을 통해 전달하는 내용은 음악, 사진, 동영상, 게임, 웹툰, 뉴스로 이것을 콘텐츠라고 한다.

－ 콘텐츠: 음악, 사진, 동영상, 게임, 웹툰, 뉴스

- 기기: 라디오, TV, 컴퓨터, 스마트폰
- 플랫폼: 포털사이트, 동영상서비스, 애플리케이션

미디어를 이해하기 위해 미디어가 어떻게 구성되어 있는지 그 구성 요소를 살펴보면 우선 내용을 담을 용기가 있어야 하는데 그것을 컨테이너(container)라고 한다. 예를 들어 작가가 소설을 썼는데 그것을 작가가 들고 있으면 작품으로서의 역할을 하지 못한다. 그래서 책으로 출간을 하는데 누군가가 그 책을 사서 읽지 않으면 그 작품은 알려질 수가 없다. 그러므로 미디어의 도움을 받아야 한다. 가장 효과적인 방법은 소설을 드라마나 영화로 제작하는 것이다. 바로 이 드라마와 영화가 소설을 전달하는 그릇인 컨테이너이며 소설 자체는 콘텐츠(contents)로 내용이다. 그런데 미디어는 맥락 즉 시대적 상황에 맞아야 한다. 그래서 드라마나 영화로 만들 작품을 선정하는 감독은 콘텍스트(context)를 고민한다. 작품의 성공 여부를 여러 경로로 분석해 보는 것이다.

- 컨테이너(container): 용기, 영화 또는 드라마 등
- 콘텐츠(contents): 내용, 스토리
- 콘텍스트(context): 맥락, 시대적 상황

○ 미디어 역할

미디어가 콘텐츠를 전달하면서 소중한 정보를 제공하는 것은 기본이고, 재미와 즐거움을 주면서 문화를 생성하고, 갈등을 중재해 준다. 미디어가 정확한 정보를 전달하면 오해로 생긴 갈등이 해소되는 것이다.

그런데 미디어가 순기능만 하는 것은 아니다. 잘못된 정보를 주기도 하고, 심지어 나쁜 의도를 갖고 조작한 정보를 퍼트리기도 한다. 그리고 미디어는 인간의 말초신경을 자극하는 폭력적이고 선정적인 내용으로 마약처럼 중독되어 올바른 판단을 하지 못하는 역기능도 있다.

그래서 미디어를 읽을 때 무조건 수용하는 것이 아니라 내용이 합리적으로 타당한지 살펴보는 비판적 읽기가 요구된다. 흔히 비판적 읽기를 비난적 읽기로 공격하는 경향이 있어서 요즘 미디어는 양쪽으로 나뉘어져서 상대방을 공격한다.

세상 일에 대해 판단하고, 추론하는 논리적 사고가 비판적 사고력이다. 문해력이 글을 이해하는 능력이듯이 미디어 리터러시(literacy, 문해력)는 세상을 이해하고 평가하는 안목으로 미디어 리터러시를 가져야 공동체의 문제를 공유하고 협력적으로 문제를 해결하는 능력을 갖추어 다른 사람들과 함께 살아가는 능력이 생긴다.

2) 미디어 변천 과정

○ 미디어의 변화

원시시대 동굴벽화는 예술 활동이었을까? 아니다. 그것은 동물 사냥 기록이다. 소를 처음 본 원시인은 다른 사람들에게 소를 사냥하면 여러 가지로 이익이 된다는 것을 알려 주기 위해 동굴 벽에 소를 그렸다. 이런 동물을 보면 반드시 잡으라는 메시지였다. 즉 동굴벽화는 그 시대의 미디어였던 것이다.

그리스시대 아테네 병사가 전쟁터인 마라톤에서 아테네까지 달려와서 전쟁의 승리를 전한 것에서 올림픽의 대미를 장식하는 마라톤의 기원이 되었다는 것은 잘 알려진 사실이다. 아테네 시민들이 전쟁의 불안에서 벗어나 승리의 기쁨을 한시라도 빨리 느낄 수 있도록 하기 위해 아테네 병사는 쉬지 않고 달렸던 것이다. 이 달리기 역시 미디어이다.

이렇게 사람이 달리거나 말을 타고 달리거나 아니면 불을 붙여서 연기를 내는 방식으로 소식을 전했던 사람들이 가장 먼저 만든 미디어는 신문이었다.

신문의 영문명 뉴스(news)는 north(북쪽), east(동쪽), west(서쪽), south(남쪽)의 이니셜로 사방에서 들어오는 새로운 소식을 뜻한다. 신문의 발명으로 보다 많은 사람들이 새로운 소식을 정확히 접하게 되었다.

전파를 잡아서 음성으로 전달하는 라디오, 전파로 영상을 전달하는 TV로 미디어는 생생한 전달이 가능해졌다. 더 이상의 미디어는 필요 없을 정도로 완벽했지만 인류의 발명은 계속되었다. 컴퓨터가 직장이 아닌 가정 집에 속속 비치되고, 1992년 인터넷이 일반화되면서 컴퓨터 전자회로로 데이터를 처리하여 자기 집 책상 앞에서 전 세계가 순식간에 연결되었다.

1998년, 구글의 검색 엔진을 통해 알고 싶은 내용을 검색하면 바로 그 순간 정보가 뜨는 세상이 되었다. 사전을 뒤적이거나 집에 있는 책을 모조리 꺼내 살펴보고 그래도 찾지 못하면 도서관에 가서 자료를 찾는 수고로움이 사라졌다. 그런데 2007년, 집이나 사무실이 아닌 길거리에서도 검색이 가능하게 되었다. 바로 스티브 잡스(Steve Jobs)가 스마트폰을 내놓은 것이다. 스티브 잡스가 청바지에 검정 터틀넥 티셔츠를 입고 스마트폰을 소개하면서 '손안의 작은 컴퓨터'라고 말했을 때에도 스마트폰이 가져올 미디어의 변화에 대해 짐작하지 못하였다.

○ 미디어 세대

연도별로 나누던 시대 구분이 이제는 아날로그 시대와 디지털 시대로 나뉘어진다. 디지털 시대는 Z세대(1995~2005년생)로 디지털 환경에 노출된 디지털 네이티브(digital native, 디지털 원주민)이다. 아날로그 시대를 살았던 사람들은 디지털 이주민으로 디지털 기능을 익히기 위해 쩔쩔매야 하고 그 다양한 기능을 자유자재로 활용하지 못한다. 스마트폰이 신체의 일부로 느껴지는 세대를 포노 사피엔스(phono-sapiens)라고 명명할 정도로 디지털 세대는 디지털 세계를 자유자재로 누비는 문명인이다.

디지털 시대의 미디어는 사람들이 공동체의 문제에 관심을 갖도록 하는데 큰 역할을 하고, 미디어는 문제를 발견하고 해결 방법을 모색하여 제시하면서 공유한다.

미디어를 제대로 읽는 능력, 제대로 쓰는 능력 즉 미디어 문해력이 세상을 바꿀 수 있는데 미디어 문해력은 바르게 이해하는데 그치지 않고 자신의 의사 표현을 통해 실천하는 능력도 생긴다.

예를 들어 2020년 미국에서 백인 경찰관이 흑인 청년을 과도하게 제압하여 죽음에 이르게 한 사건의 동영상이 SNS를 통해 공유되자 시민들이 분노하면서 흑인 청년의 억울한 죽음을 바로잡기 위해 연대하여 사회적 변화를 이끌어 냈다.

만약 신문으로 그 사건을 접했다면 파급 효과가 그다지 크지 않았을 것이다. 동영상을 통해 당시의 상황이 정확히 알려지면서 백인 경찰의 잘못이 분명하게 드러날 수 있었다.

2. 가짜 뉴스의 위험성

미디어가 쉽고 빠르게 확산되면서 가짜 뉴스가 늘어나고 있다. 요즘처럼 교육 수준이 높은 시대에 가짜 뉴스가 만연해지는 것이 어떻게 가능할까? 가짜 뉴스에 취약한 인지적 특성 때문이다. 사람들은 새롭고, 강렬한 정보에 끌리고, 자신이 아는 것과 다른 것을 거부하는 인지 부조화의 회피 증상이 있다. 믿고 싶은 것만 믿는 인간의 확증편향(確證偏向) 때문에 자기가 원하는 뉴스를 진짜로 믿는 것이다.

가짜 뉴스가 빨리 퍼지는 이유에 대해 프랑스 제랄드 브로네르(Gérald Bronner) 교수는 '표현의 자유를 앞세워 소수의 인터넷 권력자들이 목소리를 크게 내는 반면 대다수는 침묵하기 때문에 목소리를 내는 소수자가 다수자의 의견을 잠식하고 있다.'고 하였다. 가짜 뉴스의 위험에서 벗어나기 위해서는 지적(知的) 면역 체계를 갖춘 정보시장의 조정자가 필요하다.

1) 가짜 뉴스 가려내기
비만이던 A는 다이어트에 성공한 후 자기 경험을 동영상으로 제작하여 페이스북에 올렸다. 자신의 경험을 알려 주기 위해서이지만 그 방법이 다른 사람한테도 효과가 있을 것이라고 장담할 수 없다. 그래서 무조건 따라하지 말고 그

뉴스를 자세히 분석해 봐야 한다.

이 동영상에서 정보를 생산한 사람은 누구인지, 전달하고자 하는 메시지는 무엇인지 그리고 그 정보를 소비할 사람은 누구인지를 알아보고 아래 7가지 질문을 해 보아야 한다.

1. A는 왜 이 동영상을 만들었을까
2. A가 말하는 정보는 유용하거나 타당한가
3. 페이스북 친구들이 이 정보를 어떻게 받아들이고 있는가
4. 이 정보를 둘러싼 상황은 어떠한가
5. 이 정보는 어떤 방식으로 제작되었는가
6. 이 정보를 만들기 위해 누구와 접촉했는가
7. A가 정보를 생산하는 방식은 어떠했는가

A가 동영상을 만든 이유를 알아보기 위해 이 많은 질문을 해 봐야 하는데 A가 이 동영상을 만든 이유가 자신의 날씬한 모습을 과시하기 위해서라는 결론을 얻었다면 이 정보는 유용하거나 타당하지 않는 위험한 정보 즉 가짜 뉴스일 가능성이 높다.

가짜 뉴스를 가려내는 비판적 사고력은 정보의 내용뿐만 아니라 정보와 데이터가 생산되고 유통되며 소비되는 전 과정을 비판적으로 바라본다. 즉 아래 3가지 측면에서 꼼꼼히 살펴보아야 한다.

1. 생산자는 어떤 의도로 이런 정보를 만들었는가
2. 생산된 정보와 데이터가 어떤 맥락에서 유통되며 소비되는가
3. 정보가 어떤 목적으로 제시되고 유통되는가

실제로 미국 미디어리터러시센터에서 제시한 미디어 소비자가 반드시 해 보

아야 할 질문 5가지는 아래와 같다.

1. 누가 이 메시지를 만들었는가
2. 나의 관심을 끌기 위해 어떤 창의적 방법 혹은 기술이 사용되었는가
3. 사람들은 같은 메시지를 어떻게 다르게 해석하는가
4. 이 메시지 안에 어떤 생활양식, 가치관, 관점들이 포함 혹은 생략되었는가
5. 이 메시지는 어떤 목적으로 전달되었는가

정보의 홍수 속에서 발생할 수 있는 피해는 매우 크다. 보고 싶은 것만 보는 확증 편향이 생긴다. 왜냐하면 유튜버들이 독자가 원하는 정보만 모아서 제공하는 뉴스 큐레이션 역할을 하기 때문이다. 새로운 형태의 뉴스를 생산하고 소비하는 현상 즉 필터 버블(filter bubble)*이 생겼다.

* 필터 버블은 엘리 프레이저의 책 「생각하는 조종자들」에서 처음으로 언급된 단어로 자기가 좋아하는 것의 울타리 안에 스스로를 갇히게 한다는 뜻이다.

필터 버블에 갇히지 않기 위해서는 판단하는 미디어 능력이 필요하다. 즉 유용한 정보를 선택하는 판단 능력과 선택된 정보를 비판적으로 바라보는 비판적 사고력을 갖추어야 한다. 자기가 좋아하는 정보만 보면 그곳에 갇혀서 감옥의 창살 너머로 보이는 제한된 세상만 본다. 그래서 편협한 사람이 되어 다양한 사람들과 어울리지 못하고 사회적 유배를 당하게 되는 것이다.

2) 방송통신위원회의 체크리스트
미디어의 생산과 공유 그리고 소비 과정에서 알게 모르게 다른 사람의 권리를 침해하는 경우가 많기 때문에 가짜 뉴스 체크리스트가 필요하다. 다른 사람과 함께 찍은 사진, 동영상을 상대방의 허락 없이 인터넷 게시판에 올린 적이 있다거나 비난받을 일이라면 함께 비난하고 글을 퍼나르기를 해도 괜찮다

고 생각한다면 초상권 침해, 사생활 침해, 저작권 침해, 인권 침해, 명예 훼손 등을 저지를 위험이 크다.

3) 인터넷 권리 침해 예방 수칙

알게 모르게 인터넷을 통해 타인의 권리를 침해하는 일이 발생하지 않도록 하기 위해서는 다음과 같은 예방 수칙을 지켜야 한다.

- 민감한 정보는 만들지 않는다.
- 다른 사람의 정보를 소중히 다룬다.
- 잘못된 요구는 거절한다.
- 올리기 전에 한 번 더 생각한다.
- 정확한 내용인지 확인한다.
- 컴퓨터 보안에 주의한다.
- 상대의 입장을 생각한다.

SNS를 비롯해서 다양한 방식으로 개인의 권리가 침해 받았을 경우를 위해 증거자료를 준비하고, 개인정보를 비공개로 전환하며, 문제에 대해 감정적으로 대응하지 말고 전문기관*과 상담하는 것이 현명하다.

* 인터넷피해구제센터(1377), 언론중재위원회, 한국인터넷진흥원, 경찰청

그리고 정보를 접하면 첫째, 누가 이야기하는가(의심하고). 둘째, 근거는 무엇인가(따져 보고). 셋째, 다른 자료는 어떻게 이야기하는가(검색하고)를 반드시 점검해서 발화자(發話者)의 의도를 파악하고, 근거를 찾고, 사실과 의견을 구별할 수 있어야 한다. 무조건 받아들이고 수용하는 미디어에서 정보의 가치를 따져 보고 판단하는 미디어 습관이 필요하다. 현명한 미디어 이용과 생산 그리고 공유가 순환되어야 미디어가 사람들에게 도움이 되는 방향으로 발전할 수 있다.

주장을 할 수 있는 위치에 있는 이니셔티브(initiative)의 메시지에는 힘이 있는데, 말(message)의 신뢰성(credibility)은 정보를 가진 사람과 정보가 충분하지 않은 사람 사이의 상충하는 이해가 얼마나 존재하는지에 따라 결정된다. 따라서 자기가 좋아하는 사람의 주장일지라도 그 주장에 대한 진위를 살펴봐야 한다.

ESG와 콘텐츠산업

1) ESG 혁명

○ ESG 구성

ESG는 비재무적 요소인 환경(Environmental), 사회(Social), 지배구조(Governance)로 구성되어 있다. ESG는 어떻게 운영해야 하는지 과정을 중요시여긴다. 우리 사회는 재무성과(우등생)가 아니라 비재무성과(모범생)를 더 높이 평가하게 되었다. 기업이 돈을 많이 버는 것이 성공이 아니라 모범적으로 지속가능한 경영을 해야 성공한 기업이 되는 것이다.

그래서 기업은 기후 변화에 대응하며, 다양성과 포용성을 높이고 커뮤니티 연결을 구축하면서 내부적으로는 직원을 대우하고, 공급망을 관리하는 경영을 해야 한다.

○ ESG 배경

기원전 2,500년 히브리인의 십일조는 일종의 세금제도로 소득의 재분배를 가능하게 하였다. 그리고 기원전 30년 로마제국 아우구스투스 황제가 빈곤층에게 경제적 지원을 해 주었던 것이 국가가 실시한 복지제도의 원형이다.

그러다 1953년 미국의 경제학자 하워드 보웬(Howard Bowen)의 저서 「사업가의 사회적 책임」에서 CSR(Corporate Social Responsibility)을 언급하였다. 기업의 사회적 공헌은 자선 행위를 넘어 기업의 책임이라는 것이다. 2010년대 마이클 포터(Michael Porter)는 기업의 사회적 책임이 나눔의 가치를 만든다는 CSV(Creating Sharded Value) 즉 공유가치 창출을 주장하였다.

이렇듯 거대한 집단이 수행해야 할 철학은 계속 변화하며 발전하여 왔다. 그 발전 과정에서 ESG 개념을 전 세계적으로 사용한 것은 2005년 유엔환경계획(UNEP)에서였다. 환경문제의 심각성이 사회와 조직에 어떤 영향을 주는지에 대해 본격적으로 논의하게 된 것이다. 2015년 유엔 지속가능 발전 정상회의(SDG)에서 2030년까지 목표로 '단 한 사람도 소외되지 않는 것(Leave no one behind)' 즉 불평등 해소로 정하고 그 목표를 달성하기 위한 수단이 ESG라고 선언하였다.

○ ESG 원칙

ESG는 자본주의의 중심을 돈에서 사람으로, 그리고 사회와 지구로 이동시키고 있다. 기술혁명 시대에서 ESG 시대로 바뀐 것인데 ESG는 선택이 아닌 필수라는 사실을 인식해야 한다. 기후변화대책에 대한 원칙이 없이 만들어진 기술은 우리에게 득보다 해를 끼친다. 그래서 국제사회는 ESG를 실천하는 기업에 투자를 하기로 하였다.

ESG의 원칙은 인공지능(AI)과 같은 기술이 경제적, 사회적 도움을 주는 동시에 역으로 인간에게 더 큰 피해를 줄 수 있기 때문에 기술은 인류의 안전과 보호를 위해 이용하며 혁신적인 기술보다 환경과 사회문제를 해결하는 기술이 되어야 한다는 것이다.

그래서 마이크로소프트의 브래드 스미스는 '우리가 만든 기술이 세계에 공헌하도록 만드는 것이 우리의 책임이다.'라고 하였고, 애플의 팀쿡은 '우리 모두는 보다 정의롭고 보다 평등한 세계를 만들어야 하는 시급한 과제에 대한 책임이 있다.'고 하였으며, 글로벌 자산운용사 블랙록 CEO 래리 핑크는 급기야 'ESG 우선주의'를 천명하였다.

2) ESG 실천하기

○ ESG는 위험 줄이기

이미 록펠러재단은 자선활동과 경제활동을 분리하지 않았다. 자선활동이 경제활동으로 이어지기 때문이다. 이것을 임팩트 투자(impact investment)라고 한다. 사회 소외 계층의 어려움을 적극적으로 해결해 주어 그들을 소비자로 만드는 것이 더 큰 영향력이 있는 투자가 된다는 것이다.

ESG는 리스크(risk) 즉 위험을 감소하는 투자로 그 위험은 피할 수 없는 위험(시장 위험)과 피할 수 있는 위험(분산가능 위험)이 있다. 리스크 감소 투자는 '양의 되먹임(positive feedback)' 즉 작은 변화의 결과가 다시 원인을 증폭시켜 큰 변화를 가져오기 때문에 소극적인 투자가 아니고 오히려 적극적인 투자이다.

따라서 ESG는 기부나 자선활동이 아니다. 단순한 마케팅이나 기업홍보 혹은 직원 복지 차원이 아니라 명확한 비전을 갖고 기업 가치를 높이는 투자임을 인식하고 전략적 방향에 맞게 예산을 집행한다. 그래서 ESG 경영은 기업의 평판(브랜드) 향상에 기여하면서, 사회·경제·환경 모두를 배려하는 TBL(Triple Bottom Line)*로 성과를 창출한다.

* TBL은 존 엘킹턴(John Elkington)이 1994년에 정립한 개념으로 경제, 사회, 환경 세 가지 주요 영역에서 기업의 성과를 측정하고 평가하는 개념을 나타낸다.

○ ESG 선언

구글의 행동강령 'Don't be Evil(사악해지지 말자)'은 나쁜 짓을 하지 않고도 돈을 벌 수 있다는 것을 보여 주자는 것으로 나쁜 짓을 항상 감시하여(on watch), 나쁜 짓 순제로(net-zero)로 만드는 것을 목표로 하였으며, 소니는 2050까지 환경에 대한 영향 제로로 만들기 위한 'Road to Zero'를 선언하였다.

21세기 경제 개념인 '도넛 경제'는 성장 중독에서 벗어나 재생과 분배를 경제 설계의 중심 원리로 하여 생태적으로 안전하면서도 사회적으로 정의로운 균형을 맞추는 것이다. 인류의 좋은 삶을 위해 성장이 아닌 재생적, 분배적 경제로 전환하여 순환적 경제를 만들어야 한다. 그래서 ESG에서 기업이 얼마나 착한 활동을 많이 했느냐가 아니라 문제 해결을 통해 얼마나 사회적 가치 창출에 이바지했느냐가 중요한 것이다.

○ MZ세대의 가치소비

MZ세대(1981~2010년생)는 자신의 신념에 부합하는 가치소비를 한다. 디지털 환경에 익숙하고 최신 트렌드와 남다른 이색적 경험을 추구하기 때문이다. 그래서 소셜 미디어를 통해 가치소비 경험을 공유하며 시장과 산업의 트렌드를 바꾸고 있다.

MZ세대는 녹색경영을 외치면서 실제로 행동하지 않는 그린 워싱(green washing)을 가장 경멸한다. 그래서 행동 없이 캠페인만 하는 속임수를 쓰면 당장 퇴출 운동에 들어간다.

특히 Z세대(1995~2005년생)는 입에 핸드폰을 물고 태어난 세대로 공정을 중요한 가치로 여기는 행동주의(activism)이다. 그래서 착한 기업의 제품을 사면서 돈쭐내고, 나쁜 기업은 불매 운동을 하는 미닝아웃(meaning out, 신념 표출)으로 변화를 이끌어 낸다. 사회적 신념에 대해 거침없이 표현하면서 사회적 가치를 만들어 낸다.

기업은 상품을 파는 것 외에 사회적 문제를 해결해야 한다. 예를 들어 맥주 회사에서 맥주를 많이 팔기 위해 광고를 많이 하여 음주운전이라는 사회적 문제를 야기시켰다. 그렇다고 맥주회사가 술을 마시지 말라는 금주 캠페인을 할 수는 없다. 그래서 무알콜 맥주*를 만들었다. 회식 자리에서 운전을 해야 하는 사람은 무알콜 맥주를 마시는 것이다.

* 이런 문제 해결 관점에서 하이네켄이 무알콜 맥주를 가장 먼저 출시하여 성공하였다.

3) 콘텐츠산업의 ESG

'콘텐츠산업의 ESG 경영 현황'(2023)에 의하면 콘텐츠 사업체가 ESG 경영 중 가장 중요하게 생각하는 가치는 환경이었다. 그런데 방송은 ESG 경영에 있어서 1순위 가치로 환경이 아닌 사회적 가치를 꼽았다.

방송에서 사회적 가치를 중요하게 생각하는 것은 사회적 기억(social memory)은 바꾸기가 어렵기 때문이다. 사회적 기억은 브랜드와는 다르다. 시청자에게 안 좋은 기억을 만들어 준 방송사는 아무리 브랜드가 많이 알려진 방송사라고 해도 시청자들이 돌아오지 않는다. 시청률이 높지 않으면 광고주들이 외면하기 때문에 방송이야말로 평판경제이다.

SNS가 발전하면서 댓글과 평점으로 형성된 기업의 평판은 2.5시간에 전 국민의 25%가 알게 되고, 24시간 안에 75%가 알게 되어서 평판이 하루 만에 다 퍼진다는 조사가 있었듯이 이제는 기업이 조심을 하지 않으면 평판경제로 무너질 수 있다. 그래서 기업은 ESG 실천에 앞장서지 않을 수 없는 것이다.

○ 문화예술과 기후 위기

유럽연합은 기후 위기 관련 펀드를 조성하여, 미래를 상상하고 설계할 수 있도록 공공예술프로그램으로 'our Town 프로젝트'를 실시하고 있으며 기후 정책과 문화정책을 접목시키면서 기후 위기에 대응하는 문화적 접근이 확장되고 있다.

영국의 민간 비영리단체 'Julie's Bicycle'은 2013년 공연예술 분야에 주목하여 지속가능한 공연 제작 프로세스가 지켜지기 위한 단계별, 역할별 원칙이 담긴 가이드북을 제작하였다.

이벤트는 많은 이해관계자들이 이동을 하기 때문에 수송수단이 필요하고, 그 이해관계자들이 먹고 마시는 식음료의 폐기물이 생긴다. 그리고 행사장소에는 무대를 만들고 객석도 마련해야 해서 많은 물품들이 들어온다. 행사장을 꾸미는데 가장 필요한 것은 전기이다. 그래서 전기를 끌어쓰기 위한 전기 설비를 해야 하는데 만약 행사장이 야외일 때는 발전차를 동원하기도 한다.

더 구체적으로 언급하지 않아도 많은 에너지를 사용하고 쓰레기도 많이 생긴다는 것을 알 수 있는데 이벤트에는 어떤 ESG가 필요한지 생각해 보면 우선 전기를 공급하는 발전차는 주로 디젤이어서 전기 발전차로 바꾸어야 한다. 헝겊이나 플라스틱 소재 현수막을 사용하지 말고 전광판 등의 대체 방법을 찾아야 하며 무대 구조물을 재활용하는 것이 좋다. 발생한 쓰레기는 분리 수거를 하고 청소를 완벽하게 하여 행사를 마친 후 다시 청소를 하는 일이 없도록 한다.

그리고 행사장은 유니버셜 디자인으로 장애인을 비롯한 이동 약자들이 안전하게 이용할 수 있도록 하고, BF(barrier free, 무장애)에 대한 정보를 정확히 주어서 시설을 찾지 못해 허둥대는 일이 없도록 한다.

○ 정크 시대

대기업 산업구조로부터 쏟아져 나온 잉여물이 쓰레기가 되어 우리 지구가 쓰레기로 뒤덮여 있다. 그래서 국제사회는 RE100(Renewable Energy 100%)을 선언하여 재생에너지로 전력 100% 확보를 목표로 하고 있다.

재활용 운동은 이미 1858년 뫼비우스(August Ferdinand Möbius)에 의해 발견된 뫼비우스 띠는 재활용 표시로 순환을 의미하듯이 인류는 아주 오래전부터 재활용을 하며 생활하였다. 오늘을 사는 우리도 재활용을 생활화하여야 한다.

일상생활에서 발생하는 폐품(폐자동차, 폐가전 등)을 예술작품으로 제작하는 것을 정크아트(Junk Art)라고 하듯이 예술에서도 재활용이 미덕이 되었다. 환경보존과 자연보호를 목적으로 환경과 자연을 소재로 한 환경예술도 탄생하였다.

앞으로 예술은 온라인 가상갤러리에서 전시회를 하고 AI, 메타버스 등 가상공간을 활용한 광고로 거리환경을 저해하는 옥외광고를 줄이며, AI 분석 업무

처리로 불필요한 폐사무용품도 감소시킨다.

문화예술의 비언어적 요소의 특성은 문화적 소통을 가능하게 하며 문화 나눔을 통해 소득, 세대, 지역에 구애받지 않고 공동체의 일체감을 조성하여 차별이 없는 평등 사회 구현에 기여한다.

따라서 AQ(Artistic Quotient) 경영을 기업 문화로 만들면 환경문제를 해결하는데 큰 도움이 될 것이다.

4. K-콘텐츠 시대

1) K-콘텐츠의 인기

국내시장은 시청률 경쟁, 낮은 제작비, 짧은 제작 기간 등의 제약 속에서도 국제시장에서 성공을 하고 있다. 2021년 넷플릭스 드라마 〈오징어 게임〉이 에미상 6관왕을 차지할 정도로 작품성도 인정받았지만 넷플릭스 시청률 1위를 기록하는 글로벌 성공을 거두었다.

2022년 상반기에는 따뜻한 콘텐츠로 열풍을 일으킨 ENA 드라마 〈이상한 변호사 우영우〉의 성공으로 장애인 캐릭터가 등장하는 드라마도 사랑을 받을 수 있다는 것을 증명하였고, 2022년 하반기에는 JTBC 드라마 〈재벌집 막내아들〉이 대박을 터트리면서 웹툰 원작의 드라마화로 지식재산권(Intellectual Property, IP)의 확장성을 보여 주었다.

K-콘텐츠는 비영어권 콘텐츠의 역사를 새로 썼다. K-콘텐츠를 대표하는 K-POP은 북미 시장을 넘어 유럽까지 흥행하고 있다. 그래서 프랑스 백과사전 「Le Petit Larousse 2023」에 'K-POP'이란 단어가 공식 등재되었다.

K-콘텐츠의 인기 비결은, 할리우드 콘텐츠가 개인의 이야기나 히어로(영웅) 스토리를 주로 다룬다면, K-콘텐츠는 일상의 이야기나 인간적인 관계 안에서 사회적 담론을 날카롭게 드러내고 있기 때문이다. 그리고 미국 콘텐츠 제작비의 10~20% 수준으로도 경쟁력 있는 콘텐츠를 만들어 내는 K-인력들의 제작

능력이 치열한 OTT 시장에서 또 다른 경쟁력을 만들었다.

2) K-콘텐츠 전망

어떻게 K-콘텐츠를 발전시킬 것인지에 대한 뼈를 깎는 노력이 필요하다. 앞으로는 트렌드가 없는 것이 트렌드가 될 것이다. 큰 흐름을 짚는 메가 트렌드(mega trend) 시대는 가고 소비자의 분화된 요구에 맞춘 마이크로 트렌드(micro trend)의 시대가 도래하였기 때문이다.

이용자의 취향과 검색 동향 등 맞춤 추천 콘텐츠인 '인스타 릴스'를 통한 콘텐츠 유입으로 역주행을 하고, 취향의 분화와 플랫폼의 다변화, 까다로워진 소비 형태에 맞춰 다양한 모델들이 동시다발적으로 공존하게 된다.

무엇보다 큰 변화는 IP(Intellectual Property, 지식재산)의 강세이다. 2022년 부산국제영화제 아시아콘텐츠&필름마켓에서는 IP를 교류하는 부산스토리마켓을 열어서 큰 호응을 얻었다. 그런데 이렇게 IP의 편중이 심화될수록 역설적으로 다양성이 위축될 가능성도 있고, 장기적으로 보면 기획 및 제작사의 경쟁력이나 영향력은 점점 축소될 것이라고 전문가들은 예측하고 있어서 이에 대한 대비책이 필요하다.

3) K-웹툰과 K-예능

대중 인지도를 갖춘 원작 기반 콘텐츠가 각광을 받고 있다. 원작 IP를 다량 보유한 웹툰, 웹소설의 경쟁력이 강화되고 있다. 2014년 네이버웹툰이 북미시장에 진출했을 땐 '웹툰'이라는 단어조차 없었다. 웹툰은 K-컬쳐가 만들어 낸 고유 단어인 것이다. 2019년 본격적으로 글로벌 시장에 진입한 네이버웹툰은 현재 미국, 일본, 프랑스 등에서 웹툰 시장의 선두주자로 자리 잡았다.

만화 사업에서 영화 사업으로 확장한 마블(MARVEL), 콘텐츠 회사에서 OTT 업체로 성장한 디즈니(Disney)처럼 웹툰이 강력한 원작 시장을 선도하는 대한민국 콘텐츠 업계의 발전 가능성이 높다. 그런데 흥행한 드라마를 웹툰으로 재창조하는 역전 현상 즉 '드라마 코믹스(comics, 연속만화)'도 K-콘텐츠의 주요 작품이 되고 있다.

K-예능도 국제시장에서 인기 상품이다. 콘텐츠를 직접 수출하기보다는 포맷(format, 형식)을 판매해 현지 국가에서 재창조하는 형식이다. Mnet의 〈너의 목소리가 보여〉는 2015년 국내 공개 후 미국, 유럽, 중국, 일본 등 총 24개국으로 포맷을 수출하여, 미국 FOX에서 가장 인기 있는 예능으로 선정됐고, 영국 종합일간지 가디언(The Guardian)에서 '2020년 가장 특이한 예능'으로 꼽히며 호평을 받았다. 정반대의 성공 사례로 Mnet 〈스트릿 우먼 파이터〉는 유튜브 클립이 누적 조회수 4억 뷰를 돌파하는 대기록을 세우며 현지화 과정 없이 K-예능 그 자체로도 세계에 어필하면서 글로벌 신드롬을 일으켰다.

급변하는 미디어 환경에서 콘텐츠 기업들은 융합(Convergence) 전략에 가속도를 내고 있고, 콘텐츠 장르나 포맷의 융합, 영상·웹툰·웹소설의 융합 등 형식의 경계를 넘나드는 콘텐츠 대융합 시대를 예고하고 있다.

5

방송 신기술과 시청 방식

1) 방송의 신기술

안방극장에 첨단 기술이 들어왔다. 대중과의 거리를 좁혀 가기 위해 제작사와 방송사가 신기술 투자와 기술기업들과의 제휴로 새로운 콘텐츠를 제작하고 있다.

예능에 메타버스가 등장했는데 2021년 티빙의 〈가상세계지만 스타가 되고 싶어〉, 2022년 티빙의 〈얼라이브〉, 2022년 JTBC의 〈뉴페스타〉는 메타버스 속 음악 페스티벌을 펼쳤고, JTBC의 연애 예능 〈러브in〉은 가상세계 속 캐릭터를 통해 교류하면서 외모가 아닌 내면만을 통해 서로를 판단한다는 콘셉트가 성숙한 사람의 모습을 보여 주었다. MBN의 메타버스 뮤직쇼 〈아바타 싱어〉는 국내 정상급 아티스트들이 메타버스를 이용해 자신의 정체를 숨기고 노래하는 콘셉트였고, TV조선의 메타버스 음악 예능 〈아바드림〉에서 고인이 된 가수 김성재와 탤런트 김자옥을 소환하여 눈길을 끌었다.

KBS의 가요 프로그램이었던 〈가요톱텐〉이 KBS월드의 〈버추얼 가요톱텐〉으로 K팝 아티스트와 가상세계의 만남이라는 세계관 속에서 진행됐고, 진행도 가상 캐릭터가 맡았다.

하지만 신기술을 접목한 예능의 성과는 초라했다. 시청률이 낮았던 이유는 TV 시청층의 주류인 4050은 신기술에 익숙하지 못하고, MZ세대는 쌍방향·실시간 소통을 원하는데 TV는 그런 기능이 없기 때문에 신기술에 익숙한 MZ세대에게도 외면을 당했다. 무엇보다 기술력의 부족으로 '불쾌한 골짜기 현상을 느꼈다.'고 한다. 불쾌한 골짜기 현상이란 인간은 인간을 어설프게 닮은 것을 닮지 않은 것보다 더 혐오하는 것을 말한다.

게다가 신기술 제작비가 너무 비싸서 쉽게 도전을 하지 못하여 더 이상의 발전을 하지 못하였다.

미래 시청층을 포섭하여 저변을 확대하고 이를 통한 수익을 확대하기 위해서는 신기술에 대한 투자는 불가피하다. 그래서 CJ ENM은 'CJ ENM 스튜디오 센터'를 건립했다. 이곳에서 XR(eXtended Reality, 확장현실)과 메타버스 콘텐츠를 제작할 수 있는 것은 물론 최첨단 버추얼 프로덕션 스테이지로 벽면이 360도 회전하고, 천장에도 모두 LED 스크린으로 시·공간을 초월한 제작이 가능하게 되었다. 그래서 해외 로케이션을 완전히 대체할 수 있게 되었고, 물리적 세트를 최소화하여 제작비와 제작 기간을 절감할 수 있다.

SK텔레콤도 LED 월(wall) 기반의 버추얼 스튜디오 '팀 스튜디오'를 마련하여 드라마·영화·예능 등 다양한 라이브 콘텐츠를 제작할 수 있다. LED 월은 크로마키나 블루 스크린보다 배우들이 가상(virtual) 배경 속에서 더 몰입하여 연기력이 향상된다는 것도 큰 장점이다.

공중파 SBS는 NFT 시장에 진입하였고, MBC는 〈무한도전〉을 NFT로 재탄생시켰으며, EBS는 메타버스 교육 콘텐츠를 개발하고 있고, 국악방송도 메타버스 사업을 하고 있다. 2021년 부산국제코미디페스티벌에서 메타버스 코미디 공연이 되어 메타버스가 코미디 영역까지 번졌다. 그리고 KT의 오디오 드라마 속 배우가 AI 목소리라는 것도 중요한 변화이다.

2) 시청 방식의 변화
TV 리모컨이 등장하기 전에는 채널을 돌려서 원하는 프로그램을 시청하였기 때문에 가사 일로 바쁜 주부들은 그 프로그램 시청을 위해 미리부터 채널을 고정시키고 기다리는 미덕이 있었다. 그러다 리모컨이 생기자 굳이 보지 않아도 되는 광고 타임에는 여지 없이 리모컨을 사용하고 드라마를 시청하다가도 대사가 길어지면 참지 않고 바로 채널을 돌린다. 시청자의 선택을 받기 위해서는 광고도 드라마처럼 해야 하고 내용이 지루하지 않도록 곳곳에 시청자 눈을 잡을 수 있는 소구 포인트(appeal point)로 프로그램을 무장시켜야 했다. 그런데 이제는 50분 풀타임을 시청하는 것도 싫어한다. 현대인들은 바쁘기도 하지만 콘텐츠가 너무 많아서 다 시청할 수 없기에 요약본 시청을 더 선호한다. 초기에는 영화, 웹툰, 뮤지컬 등을 리뷰 영상으로 만들었지만 최근에는 개별 프로그램 에피소드를 20~30분 내로 압축한 버전이 나와서 요약본 시청으로 골라보기를 하는 시청방식이 등장하였다. 이렇게 요약본을 보는 것은 유행에 뒤처지지 않으려고 짧은 시간 안에 많은 정보를 습득하기 위해서인 경우도 많다.

그런데 요약본 시청은 경험 속도의 변화에서 나왔다고 봐야 한다. TV는 기다림을 요구하지만 온라인은 즉시성과 편의성이 있어서 자기가 좋아하는 부분으로 자유롭게 이동할 수 있기에 경험의 속도는 점점 빨라지고 있다. 온라인 세상은 초고속, 광속 등으로 속도 전쟁을 하고 있다.

유튜브는 현대인에게 최적화된 시청 문화를 만들었다. 유튜브가 1인 크리에이터 콘텐츠 중심으로 발전한 것은 바로 경험의 속도를 따라가기 위해서이다. 10~20분 시청이 부담 없고, 풀버전으로 봐야 완전한 시청이라는 생각이 사라졌다. 급기야 2020년 유튜브 쇼츠 서비스가 선보이고, 2021년 국내에 도입되면서 숏폼 시장이 틱톡을 중심으로 급속히 확산되었다.

그리고 온라인 환경은 능동적 시청 욕구를 강화시키면서 개인화된 시청 방식을 형성하여 콘텐츠의 스토리도 자기가 원하는 방향으로 이끌어 가고, 원하는 부분을 선택적으로 시청하는 지극히 개인적인 시청 문화가 확산되었다.

심지어 아이돌 뮤직비디오도 1분 요약으로 보는 사람들이 많고 보면 요약본 시청은 거스를 수 없는 문화이지만 이와 같은 요약본 시청의 문제가 무엇인지 분석해 보아야 한다. 원저작자의 의도를 고려하지 않은 채 자극적이고 무분별한 리뷰로 작품의 가치를 훼손할 우려가 있고, 실제 시청과 OTT 구독이 감소할 수도 있다고 전문가들은 우려한다.

하지만 또 한편에서는 영상의 핵심 부분을 강조하는 섬네일과 제목 태그를 달아서 시청자의 관심을 유도하여 요약본 시청이 마중물 역할을 하기도 한다. 시대에 따라 시청 습관이 변화하는 것은 당연하다. 다만 문제점을 해결하며 보완하려는 노력이 필요하다.

영상 사이에 끼워 넣는 자막(intertitle)이 새로운 시청 방식이 되었다. 지하철 같은 곳에서 모바일로 영상 콘텐츠를 볼 때는 음소거 상태로 감상을 하기 때문에 자막이 필요하고, 빈지 뷰잉(Binge Viewing)으로 몰아보기를 할 때 자막이 있으면 내용 전개에 대한 이해도가 향상되기 때문에 OTT에서는 자막 서비스를 제공한다.

SBS에서 2023년 드라마 〈법쩐〉을 재방송할 때 지상파 처음으로 한글자막 서비스를 실시했는데 액션 장면이나 대사가 명확하지 않는 경우 이해가 편하다는 긍정적인 반응을 보였다.

자막은 청각장애인을 위한 서비스로 출발하였다. 미국은 1990년 「텔레비전 디코더회로법」에 따라 13인치 이상의 TV 수상기에 자막수신장치를 내장하도록 하였고, 한국 자막 방송은 1999년 MBC에서 시작하여 2011년 「방송법」 개정에 따라 의무화되었다.

유럽은 자막을 시청각 번역의 하나로 보고 언어학적으로 접근하고 있기 때문에 자막은 누구에게나 필요한 서비스로 인식되고 있다.

3) OTT 경쟁

1961년 KBS TV 방송이 시작된 이래 MBC와 SBS TV가 차례로 개국되면서 TV 전성시대가 계속되어 그 아성이 무너지지 않을 것이라는 자신감은 방송사

관계자들뿐 아니라 시청자들도 그렇게 생각했다. 2008년 야심을 갖고 종합편성채널이 개국되었으나 시청률이 나오지 않아서 고전을 면치 못하였다. 케이블방송은 전파 낭비라고 머지 않아 하나 둘씩 문을 닫을 것이라고 예상했다.

하지만 뉴스채널 시사예능 프로그램이 조금씩 시청자들의 관심을 모았다. 딱딱한 뉴스 전달이나 점잖은 토론이 아닌 하고 싶은 말을 시원하게 쏟아 내며 같은 편이 결집하는 효과를 보았다. 그러다 이제는 예능은 물론 드라마에서도 공중파의 인기를 능가하고 있다.

그런데 요즘은 OTT 콘텐츠가 대세이다. OTT에서 인기를 얻은 후 TV나 케이블방송을 통해 다시 방송을 하는 역류 현상이 일어나고 있다. 초창기 케이블방송에서 오래전에 방송되었던 공중파 프로그램을 재방송하는 편성으로 채널을 운영하던 때를 생각하면 참으로 격세지감(隔世之感)이다.

○ 화제성 경쟁

TV와 OTT 콘텐츠의 화제성 경쟁이 치열하다. 2015년도부터 발표가 된 'TV화제성'이 'K-콘텐츠 화제성'으로 변경된 것은 방송시장의 관심이 넷플릭스, 웨이브, 티빙, 왓챠 등 OTT에서 제공하는 오리지널 콘텐츠에 쏠리고 있기 때문이다.

시청률은 본방송이나 재방송 시간대의 경쟁력을 드라마 부문과 비드라마 부문에서 조사를 하는데 화제성은 일주일간의 경쟁력을 측정한다. 보통 일주일 단위로 방송을 하기 때문이다. 측정 분야는 뉴스, VON(Voice of Net), 동영상에서 데이터 수량을 집계하는 방식이 아닌 정보의 가치, 정보에 대한 반응, 정보 보존력을 계산한다.

OTT는 콘텐츠를 한번에 공개하여 OTT 예능(비드라마 부문)을 TV 비드라마와 동일선상에서 조사하지 못했지만, OTT 예능도 일주일에 1회 또는 2회로 나누어 오픈하면서 그 문제점이 해결되었다. OTT 예능이 예상보다 경쟁력이 매우 높게 나타나서 OTT는 예능이 어렵다는 우려를 말끔히 씻어 냈다.

또한 OTT 드라마는 한꺼번에 공개를 하기 때문에 화제성에서 불리하다고 생각했지만 인기가 있으면 화제성 경쟁에서 우위를 차지한다는 것이 〈오징어게임〉이나 〈더 글로리〉에서 입증되었기에 2022부터 'TV+OTT 드라마 화제성' 조사를 시작하였다.

○ OTT 콘텐츠 평가와 이용행위 조사

콘텐츠 소비의 황금시대이다. 한 사람이 여러 개의 OTT를 구독하는 다중구독(multiple subscription)을 할 정도로 OTT에 사람들이 몰리고 있다. 넷플릭스, 웨이브, 티빙, 쿠팡플레이, 왓챠, 디즈니+, 애플TV+ 등 콘텐츠를 무기로 구독자 확보를 위해 경쟁을 하고 있다. 그래서 OTT 사업자는 구독자 이탈을 막고 확장하기 위한 이른바 오리지널 콘텐츠 전략은 K-콘텐츠의 글로벌 흥행과 함께 콘텐츠 제작의 전성기를 맞이하였다.

또한 콘텐츠의 인기는 광고와 직결되고, 문화를 바꾸고, 사회현상을 선도하는 막강한 힘이 있다. 콘텐츠에 대한 관심과 이용행위는 월 구독료로 바로 전환이 되기 때문에 콘텐츠에 대한 연구나 정책 수립에도 관심과 이용행위는 중요한 척도가 된다. OTT 이용행위 조사에는 여러 가지 방식이 있다.

- 서베이 기반 조사: 방송통신위원회의 '방송매체이용행태조사', 정보통신정책연구원의 '한국미디어패널조사', 한국언론진흥재단의 '언론수용자의식조사' 등이 있다.

- 통합시청 점유율 조사: 방송통신위원회는 과거 실시간 고정형 TV와 일간신문에 한정된 시청 점유율의 산정 범위를 스마트 기기나 PC 등을 포함하는 N 스크린으로 넓혀서, 새로운 콘텐츠 소비행태를 파악하기 위한 '통합시청 점유율' 도입을 추진하고 있다.

– **방송콘텐츠 가치정보 분석시스템:** 방송통신위원회에서 주관하고 한국방송광고진흥공사에서 수행하는 '방송콘텐츠 가치정보 분석시스템'은 개별 TV 방송콘텐츠의 이용자 반응을 시청자 반응(게시글 수, 댓글 수, 동영상 조회 수)과 미디어 반응(해당 동영상 관련 뉴스 기사 수, 관련 동영상 수)으로 세분화하여 1주 단위로 공개하고 있다.

– **인터넷 동영상 콘텐츠 유통과 소비에 관한 실태조사:** 정보통신정책연구원은 매년 발행하는 '인터넷 동영상 콘텐츠 유통과 소비에 관한 실태조사' 보고서를 통해 국내 OTT에서 유통되는 콘텐츠 현황을 제공한다.

– **개별 OTT 사업자들의 자체 성과 측정:** 국내 주요 OTT 사업자들은 콘텐츠 유형별 인기순위를 제공하고, 플릭스패트롤(https://flixpatrol.com)에서 개별 OTT의 순위를 수집하여 개별 OTT의 일간·주간·연간 국가별 인기 콘텐츠 순위를 제공한다.

미디어 이용자의 어떤 이용 행태와 속성이 강조되는지에 따라 측정 방법은 변화하며, 이에 따라서 어떤 콘텐츠나 서비스가 제공될 것인가도 바뀌게 된다. 따라서 이용 시간과 이용 장소, 몰입 정도 등 콘텐츠 이용의 맥락적 정보가 중요하기에 새로운 측정시스템이 필요하다.

6. 콘텐츠 소재의 다변화

1) 연애 리얼리티

한동안 먹방이 인기였으나 최근 연애 리얼리티의 인기가 높다. 미혼 남녀의 만남을 주선하는 것 외에 이별, 이혼, 재혼, 첫사랑, 성 소수자 등 다양한 콘셉트로 시청자들의 취향에 맞춘다. SBS플러스의 〈나는 솔로〉, MBN의 〈돌싱글즈〉, 티빙의 〈환승연애〉, MBC에브리원의 〈다시, 첫사랑〉, KBS2TV 〈이별도 리콜이 되나요〉, TV조선의 〈우리 이혼했어요〉, 티빙 〈결혼과 이혼 사이〉, 웨이브의 〈메리퀴어〉와 〈남의 연애〉 등이 선방하고 있다.

이와 같은 리얼리티 예능(관찰 프로그램)은 다채널, 다매체 시대에 가성비 높은 예능이다. 예전에는 리얼리티에 출연할 일반인을 찾기가 힘들었지만 요즘은 일반인들도 방송 출연에 거부감이 없다. 게다가 유튜버나 인플루언서 (influencer) 등은 방송 섭외가 오기를 기다리고 있을 정도이다.

타인의 사생활을 관찰하는 프로그램에 한때는 관음(觀淫)이라는 죄의식을 갖기도 했지만 내 손안의 TV 즉 PC나 태블릿, 휴대폰으로 혼자 보기 때문에 지극히 사적이고 관음적인 프로그램도 무방하다는 인식으로 변했다.

연애 리얼리티의 성공 배경은 연애에도 빈익빈 부익부 현상이 나타나서 연애를 하기가 어려워졌기에 방송 프로그램을 통해 대리만족을 느끼고, 연애는 결혼 적령기에만 하는 것이 아니고 언제라도 할 수 있으며, 싱글인 상태로 사는 기간이 길어져서 남의 연애를 구경하며 연애에 대한 환상과 욕망을 충족시키기 때문이다. 혼밥이 늘수록 먹방이 유행하는 것과 같이, 연애가 어려워질수록 연애 예능의 소비는 늘어난다.

단순히 남녀를 이어 주는 매칭쇼 〈짝〉이 최근 〈하트시그널〉로 진화하였는데 제작진끼리 촬영 중간에 오고 갔던 '누가 누구랑 이어질까? 저 남자 1호, 여자 2호한테 사심 있는 것 같은데…'라는 개인적 의견을 프로그램 중간중간에 관찰자 패널들이 서로 얘기하는 형식으로 삽입한 것 뿐인데 반응이 아주 좋았다. 직장에서 누가 누구랑 이어질지 내기를 할 정도이다.

2000년대는 리얼 버라이어티 예능의 시대였다면 2010년대는 유명인들의 일상 생활을 보는 관찰 예능의 시대였고, 2020년대에 들어와서는 그야말로 평범한 사람들의 평범한 일상을 보면서 즐긴다.

리얼(real)에 대한 욕구가 불러온 관찰 예능 열풍은 시대를 반영한 소재의 다변화로 계속 이어져 오고 있다. 관찰 예능의 단골 소재였던 결혼과 육아에서 이혼한 부부, 재혼한 부부로 과감하게 옮겨 갔는데 그것은 그저 다른 사람들의 삶을 듣고 싶은 호기심뿐만 아니라 다른 사람들의 이야기를 통해 나를 돌아보며 자신의 삶을 새롭게 설계하게 된다.

이렇듯 미디어의 힘은 강력하기 때문에 방송 프로그램을 만드는 사람들의 인권과 성평등 인식이 중요하다. 그리고 미디어 소비자는 미디어를 읽어 낼 수 있는 능력(미디어 리터러시)을 가지고 있어야 한다.

2) 솔루션쇼

어떤 문제를 해결해 나가는 솔루션쇼(매칭쇼)는 전통적이면서도 각광받는 포맷이다. 솔루션쇼는 상담 예능의 열풍을 일으켰다. 스승으로 추앙받는 구루(guru)급의 전문가가 등장해 화려한 영웅담을 선사하는 것이다. 전문가들의 솔루션쇼는 한 편의 히어로물이다.

솔루션쇼로 성공한 백종원의 〈백종원의 골목식당〉, 강형욱의 〈세상에 나쁜 개는 없다〉, 오은영의 〈금쪽 같은 내새끼〉가 대표적으로 솔루션쇼의 포맷은 관찰이란 요소와 결합하여 MC와 패널들이 VCR을 보며 영상을 뜯어보고 새로운 해석을 가미하여 TV를 혼자 보는 느낌이 아니라 친한 친구랑 함께 수다 떨며 보는 재미를 느끼게 한다. 예전에는 사회자가 전문가에게 질문을 하는 형식이었는데 이제는 전문가가 프로그램의 메인이 된 스튜디오형 상담 예능으로 진화하여 상황을 재해석하며 문제를 해결해 간다.

해외에서는 원예, 정치, 과학 등 다양한 분야의 구루급 전문가들이 프로그램을 진행하는데 우리나라는 몇 사람에게 의존하고 있다. 홀로 프로그램을 책임져 줄 전문가가 몇 안 되는 게 현실이다. 또 다른 구루를 찾아야 한다.

3) 오디션 프로그램

오디션 프로그램은 새롭지 않다. 장르와 방송사만 다를 뿐 매번 같은 형식으로 성별만 바꿔 진행하니 신선함이 떨어진다. 가장 큰 문제는 스타 탄생에 대한 기대가 없다는 것이다. 앞으로 오디션 스타는 탄생하기 어렵고, 심사위원으로 출연하는 연예인의 입김과 제작진의 개입 같은 공정성 문제가 불거지고, 시청자에게 투표권을 주는 것도 공정이 담보되지 못한다.

하지만 오디션 프로그램은 방송사의 연례행사가 됐다. 시청률이 높든 낮든 일단 시작하고 본다. 유료 문자 투표, 공연으로 이어지는 수입으로 황금알을 낳는 거위이기 때문이다. 하지만 거위가 영원히 황금알을 낳을 거란 보장은 없다.

AI 저널리즘은 AI를 어디에 어떻게 적용하여

선한 영향력을 펼치도록 할 것인가를 연구하여

AI가 우리 사회를 오염시키지 않도록 하는 것이다.

제2장

뉴미디어 시대

뉴미디어 시대의
창작과
지식재산권

뉴미디어 탄생

1) 세대 변화

○ Kertzer 4세대

조부모·부모·아들·손자로 서열이 정해진 친족 가계에 의한 세대, 문화적 경험을 공유한 태어난 출생의 동년배(cohort) 세대, 유아기·청년기·장년기·노년기로 나누는 생애주기 단계별 세대 그리고 전후 세대·민주항쟁 세대로 표현되는 역사적 시기 세대로 구분할 수 있다.

○ 동년배 세대

베이비부머세대(1955~1964년생)는 경쟁에서 이기기 위해 열심히 일하며, 부동산이 부의 전부였던 때이고, X세대(1969~1979년생)는 개인주의가 팽배하였고, 국내가 아닌 세계화가 목표였던 시대였으며, 밀레니얼세대(1984~1999년생: Y세대)는 취향을 중요시 여기고, 무경계를 선언하여 기성세대들이 도저히 이해하지 못한 세대이다.

Z세대(2000~2009년생)는 디지털시대로 탈국가주의 현상이 나타난다. 이중국적자가 많아 자기가 머무는 곳의 시민으로 사는 경향이 있다. 아직 성인이 되지 않은 알파세대(2010년 이후 출생)는 최첨단 기술로 무장한 하이테크로 우주시대를 열고 있다. X세대는 캐나다 작가 더글러스 쿠플랜드(Douglas Coupland)

가 1991년 발표한 소설 〈X세대〉에서 처음 사용하였다. 우리나라는 2004년 주 5일 근무제를 실시하였고, 2018년 주 52시간 근무가 보장되면서 세대별 특징이 더욱 확실해졌다.

2) 미디어 발전

미디어는 매스미디어(TV)에서 멀티미디어(인터넷)로 그리고 다시 뉴미디어(플랫폼)로 변화하였다. 인터넷은 1969년 미국 국방부에서 발명하여 1990년대 대중적인 시스템이 되었다.

전파를 이용해 방송 송신소를 통해 먼거리에서도 시각적으로 볼 수 있는 도구인 텔레비전(television)의 발명으로 사람들은 모든 소식을 생생하게 접하고 가수 공연이나 영화를 안방에서 생동감 있게 볼 수 있게 되었다. 그런데 ICT(information and communication technology) 기술 발전으로 요즘은 TV가 아니어도 걸어다니면서도 모든 영상을 내가 원하는 방식으로 볼 수 있는 다양한 뉴미디어가 등장하였다.

새로운 미디어가 이전의 미디어 형태를 유지하면서 나타나는 재매개(remediation)와 이용자의 요구에 따라 네트워크를 통해 필요한 정보를 제공하는 주문형(on-demand)으로 어떤 상품에 대해 형성된 수요가 다른 사람들의 수요에 영향을 미치는 현상인 네트워크 효과(network effect)를 내고 있다.

○ 유튜브

자베드 카림(Jawed Karim)은 친구 2명과 함께 동영상 사이트 유튜브(youtube)를 개발하고 2005년 4월 23일 '나 동물원 왔어(me at the zoo)!'라고 외치며 '코끼리의 코가 정말 정말 길다!'라고 놀란 척하는 표정을 지은 아주 짧은 동영상을 올렸다. 저화질 화면에 현장 소음에 묻혀 말이 잘 들리지 않았지만 누적 조회수 6천만 뷰를 기록하였다. 알고 싶은 욕구와 자신을 표현하는 욕구를 분출할 수 있는 창구가 마련된 것이다.

자베드 카림은 슬로건 '당신을 방송하세요(broadcast yourself)'를 내걸고 2005년 회사를 창업하였다. 그는 창업한 지 1년 만인 2006년 구글에 1조 8천 백억 원에 회사를 넘겼다. 자베드 카림은 장난삼아 한 일로 회사를 만들었기 때문에 구글이 거액을 제시하며 유튜브를 인수하겠다고 했을 때 망설임 없이 계약서에 사인을 하며 본인이 횡재를 했다고 생각했다. 그런데 2008년 유튜브는 폭발적으로 확산되었다. 2007년 스마트폰이 출시된 후 급속도로 보급되면서 유튜브도 함께 확산되었다. 또한 다양한 콘텐츠를 개발하면서 폭발적인 인기를 모으자 창작자와 광고수익을 공유하는 파트너 프로그램이 도입되어 디스플레이(배너) 광고, 동영상 광고로 막대한 수익이 창출되었다.

　글로벌 플랫폼으로 급성장한 유튜브는 1인 크리에이터인 유튜버(youtuber)들이 많아지면서 유튜브 스타들이 탄생하였다. 유튜브 채널 '라이언 토이스 리뷰'의 라이언(미국, 시작 당시 미성년자)은 2015년에 새 장난감 포장을 뜯은 뒤 조립해서 갖고 노는 영상으로 2018년 가장 돈을 많이 번 유튜브 스타가 되었으며, 세계 1위 유튜버인 영국의 대니얼 미들턴은 시작할 당시 20대 청년으로 2012년 게임리뷰 영상을 올렸다. 유사한 게임리뷰 영상과는 달리 본인이 게이머이기에 다각도로 분석을 했는데 그 내용이 신뢰감을 주어 2017년도 1,650만 달러 수입을 얻었다. 이렇게 유튜버들이 천문학적인 돈을 버는 시대가 되었다.

　유튜브의 인기 비결을 2018년에 출간된 「유튜브 컬처」의 저자 케빈 알로카(Kevin Allocca)는 사용자의 경험에 초점을 맞춘 전략 때문이라고 분석하였다. 유튜브는 사용자의 동기, 태도, 행동 등을 연구하고 그 빅데이터를 통해 도출된 전략으로 사용자 중심의 서비스를 실시하였다.

　사용자의 행위에 기반한 알고리즘은 사용자의 행동을 자연스럽게 유도하는 어포던스(affordance)를 제공하였는데 유튜브의 어포던스는 사용자가 계속해서 유튜브를 사용하게 하는 원동력이다. 사용자 경험 전략이 가져온 유통구조의 변화가 성공의 요인이 되었다.

우선 로그인 없이 접근이 쉽고, 가능한 더 많은 무료 콘텐츠를 제공하면서 수익이 되는 광고조차도 이용 편의로 시청자에게 광고를 건너뛰고 볼 수 있는 선택권이 있는 것은 아주 매력적인 서비스가 되었다.

유튜브의 인기가 가져온 변화는 방송 영역의 확대와 분화가 이루어져서 1인 미디어 구조, 개인방송 채널 등 방송 메커니즘을 바꾸면서 콘텐츠 생태계를 변환시켰다.

그동안은 미디어가 세상의 창이었지만 유튜브가 세상의 창으로 등극하여 소통의 통로를 구축하면서 유튜브 시청이 일상의 일부가 되었다.

이용자들은 아낌 없이 나누는 정보에 매료되어 정보와 재미 인포테인먼트(information+entertainment)를 어떻게(How to) 공유할 것인가 노력하게 만들었다. 그래서 콘텐츠 소비자가 생산자가 된 생비자(prosumer=producer+consumer)가 탄생하였다.

평범한 개인이 스타가 될 수 있고, 소재의 제한 없이 자유롭게 더군다가 아나운서 같은 목소리가 아니어도 투박한 사투리로 방송을 할 수 있으며 큰 자본도 필요 없고 어떤 자격증 없이도 재미있는 동영상을 만들어 올려서 구독자가 생기면 광고수익이 배분된다는 것에 많은 사람들이 유튜버가 되고 싶어한다.

유튜브는 데이터를 공유할 수 있고, 실시간성과 상호작용성 등 스트리밍을 기반으로 하는데 라이브 방송(live broadcasting)인 유튜브 스트리밍의 장점은 네트워크 연계성, 참신성, 다양성 등으로 구독자를 모은다.

이렇듯 유튜브는 통신수단이자 저장고 역할을 한다. 즉 기억보관소, 기억오락장치, 개방형 매체 역할을 하면서 사회 활동에 유튜브 리터러시는 의미 있는 교양이 되었다. 그러나 내용이 선정적, 폭력적인 경우가 많고, 정치 활동으로 이용되며, 자율규제의 문제, 가짜 뉴스 온상, 광고수익 분배의 불균형 등 해결해야 할 문제점도 많다.

○ OTT(over the top)

OTT는 시·공간의 제한이 없고, 다양한 콘텐츠가 제공되는 동영상 플랫폼을 월정액을 지불하고 사용하는 MAU(monthly active users)로 성장하였다. OTT에서 영화도 개봉하여 영화는 영화관이 개봉 1차 창구(first window)라는 개념이 사라졌다. 또한 OTT는 주문형(on-demand) 즉 소비자 중심 서비스와 질 높은 콘텐츠로 만족도를 높여 주고 있다.

OTT 선두 주자인 넷플릭스는 1997년 설립하여 1999년 비디오와 DVD 대여 사업을 하다가 2007년 리드 헤이스팅스 CEO는 '콘텐츠 소비 방식을 소비자가 선택하도록 하겠다.'는 생각으로 인터넷 스트리밍 서비스를 실시하였다. 빅데이터 분석 능력으로 콘텐츠 인벤토리(아이템 보관소)를 관리하는 알고리즘(algorism)을 만든 것이다.

우리나라에서는 2016년 한국넷플릭스를 통해 실시간으로 전 세계에 방송을 했는데 넷플릭스는 TV의 대체가 아니라 보완재 역할을 하였다. 넷플릭스 다이렉트는 구독자의 취향에 맞게 콘텐츠를 편성하여 선택의 피로감을 덜어 주었다.

국내 OTT로 웨이브(SKT)는 방송사의 대중 콘텐츠를 보유하고 있고, 티빙(CJ ENM)은 드라마 제작 전문 법인으로 설립한 스튜디오 드래곤이 드라마를 제작하여 약진하고 있으며 후발 주자인 JTBC 자회사 SLL(스튜디오 룰루랄라)과 함께 제작사 양대 산맥을 이루고 있다.

OTT 서비스 활성화로 시청자의 세대 분리(generational divide)가 이루어졌고, 시청 정보를 기반으로 맞춤형 광고인 어드레서블 TV 광고(addressable TV Ads)를 실시하고 있다.

3) 언택트 사회

전 세계가 2020년 1월부터 2023년 5월까지 3년 4개월 동안 코로나19라는 팬데믹을 겪으면서 언택트 즉 비대면 사회로 변화하였다. 언택트 사회의 특성은 첫째, 뉴스에 관심이 많고, 둘째, 동영상을 소비하며, 셋째, 1인 미디어 시대가 되었다는 것이다.

실시간 상품을 판매하는 라이브커머스(live-commerce, 전자 상거래)를 많이 이용하고, 넷 세대(net generation)에게 적합한 콘텐츠를 생산하여 기존 방송과 인터넷, SNS 등과의 융합이 가능하여 영역이 확장되었다. TV를 통해 생중계하며 화상으로 연결된 관객들이 환호와 박수를 보내고, 온라인 국민판정단이 투표를 하는 방식으로 방송을 진행하는 언택트 시대가 활짝 열렸다.

매스미디어는 사진에서 영화로 그리고 라디오에서 TV로 발전하였다. 1인 미디어는 텍스트에서 사진으로 그리고 인터넷을 통해 배포되는 라디오 방송 형식의 프로그램인 팟캐스트(Podcast)에서 영상으로 발전하였다. 한국의 1인 미디어 시작은 2000년 초 싸이월드 미니홈피라고 할 수 있다. 싸이월드에 개인 홈페이지를 열어서 개인적인 소식을 올려 많은 호응을 받았다.

1인 미디어는 인간의 소통 욕구와 표현 욕구를 채워 주는 현대의 문화적 표현 양식으로 1인 미디어의 주역은 크리에이터(Creator), BJ(Broadcasting Jockey), 스트리머(Streamer)이다. 기존의 VJ(Video Journalist)와 다른 점은 VJ는 콘텐츠의 1인 제작에만 머물렀지만 크리에이터는 콘텐츠 제작, 콘텐츠 유통까지 담당하게 된다.

크리에이터는 친근한 일상성, 생생한 현장성을 바탕으로 사용자들의 세분된 욕구를 콘텐츠에 반영하면서 좀 더 참여적이고 개방된 미디어 환경을 구현하여 영향력 있는 셀러브리티(celebrity), 인플루언서(influencer)가 된다.

1인 미디어의 개념은 오디오만 제공하는 팟캐스트(Podcast) 방식과 웹캠을 통한 동영상 방송이 있다. 네트워크의 용량이 커지고 디지털카메라 보급으로 영상 콘텐츠 제작과 편집이 수월해져서 1인 미디어의 핵심 콘텐츠가 텍스트나 정지된 이미지 혹은 오디오 콘텐츠에서 동영상 콘텐츠 중심으로 급속히 바뀌었다.

1인 미디어는 유튜브 혹은 소셜 미디어의 플랫폼을 기반으로 콘텐츠를 구독(subscription)하는 형태로 소비가 이루어진다. 크리에이터와 시청 소비자가 실시간으로 소통하면서 친밀감이 형성된다. 크리에이터의 1인 방송으로 운영되는 수익 산업으로 크리에이터가 만든 콘텐츠와 미디어의 영향력으로 새로운 비즈니스의 가능성을 보이고 있다.

1인 미디어의 특징은 공유, 참여, 개방으로 상호작용과 양방향 소통을 하는 실시간 스트리밍(streaming)과 주문 형식의 VOD(video on demand) 그리고 이 두 가지를 합한 복합형 형태로 창작자는 인플루언서(influencer)가 되어 브랜디드 콘텐츠(branded contents)에서 콘텐츠와 광고를 섞은 비디오 커머스(V-commerce)로 변한다.

1인 미디어에 필요한 장비는 카메라, 조명, 삼각대, 마이크, 짐벌(핸드폰 거치대)만 있으면 방송이 가능할 정도로 간단하다. 1인 미디어 성공 조건은 설득력 있는 화법(스피치), 전달력 있는 보이스, 신뢰감 있는 이미지를 갖추고 있어야 한다.

1인 미디어는 보통 소비자들이 호기심으로 방문하여 선호하는 채널을 선정한다. 네이밍 자체가 브랜드로 문화적 트렌드 세터(trend setter)로서 새로운 유행을 정착시키고, 욕망을 채워 주는 최고의 핵심 아이템(core item)으로 소비자들의 상상이 자유롭게 유희할 수 있다.

2. 복고 열풍

1) 기억

사람은 머릿속에 많은 것을 담아 두고 필요할 때 꺼내어 활용한다. 그래서 헤아릴 수 없을 만큼 많은 기억을 갖고 살아간다. 기억에는 개인적인 것 외에 집단기억*과 문화기억*이 있다. 집단기억은 공적 영역의 관심사이며, 문화기억은 문화 유인자(attractor)에 의해 문화적으로 재현되는 기억이다.

* 집단기억은 모리스 알박스(Maurice Halbwachs)가 1950년에 발표한 이론이다.

* 문화기억은 알라이다 아스만(Aleida Assmann)이 1998년에 발표한 이론이다.

기억의 기능은 기능기억과 저장기억이 있다. 크리스마스가 되면 영화 〈나홀로 집에〉가 떠오르는 것은 기능기억이다. 영화 〈나홀로 집에〉는 크리스마스 이브에 벌어지는 사건을 내용으로 하고 있는데 전 세계적으로 흥행한 영화여서 그 시대 사람들에게 집단기억이 생겨서 크리스마스를 떠올리는 기능을 하는 것이다.

영화 〈남산의 부장들〉은 박정희 대통령 시해사건을 생각나게 한다. 배경과 맥락으로서의 역할을 하는 저장기억이 작동하기 때문이다. 저장기억이 기능기억보다 훨씬 크다. 그래서 기능기억은 저장기억에 포함된다.

요즘은 기억호황을 넘어 기억과잉 시대가 되었다. 정보기억뿐만이 아니라 감성기억 시대가 되어 공통의 경험을 추억하며, 살아 있는 과거로 문화적 에너지를 만들어 내는 복고(Retro Marketing)가 트렌드이다.

2) 트로트 열풍
○ 트로트 역사

트로트는 민족적 문화 취향인데 엔카의 아류라는 비난을 받기도 한다. 엔카의 틀을 마련한 일본 작곡가 코가 마사오는 7세 때인 1912년 조선에 이주하여 선린상고를 졸업하고 한동안 조선에서 생활하였기에 오히려 엔카가 조선민요의 영향을 받았을 것이다.

트로트는 일제강점기에 태생적으로 만들어졌다. 나라를 잃은 민족의 설움을 달래던 1930년대 대중음악의 주류였다. 해방 후 북한은 식민지 청산으로 트로트를 말살하였고, 남한은 미국 영향을 받아 팝 음악에 빠졌다. 그 당시 트로트를 뽕짝이라고 하며 낮춰 보았는데 트로트라는 용어는 서양의 춤곡 폭스 트로트(fox trot)에서 이름지어진 것이다.

트로트의 르네상스는 박정희 정권 때이다. 우리나라를 대표하는 트로트 가수 이미자, 남진, 나훈아는 바로 그 시절에 탄생하였다. 그러나 제5공화국(전두환 정권)이 들어서면서 트로트가 약화되었다. 저급하다는 것이 이유였으나 박정희 정권의 흔적을 지우기 위한 문화정책이었다. 그러다 제6공화국(노태우 정권) 때는 보통사람의 시대로 전통가요에 정당성이 부여되었다.

하지만 1997년 외환 위기로 방송광고시장이 위축되면서 직장을 잃는 4050세대가 아닌 소비력이 왕성한 2030세대로 방송을 기획하여 트로트는 자연히 쇠퇴하였다.

○ 트로트 성공 요인

뉴미디어 시대는 기술 발전으로 언제든 손쉽게 소환 가능한 완전한 기억능력(total recall)이 있다. 그래서 레트로(retro) 즉 추억 소환, 노스탤지어, 고전, 복고, 힐링, 이웃과의 연대감을 즐겼고, 뉴트로(new+retro) 즉 과거일지라도 힙(hip)한 것을 재발견하였다.

2019년 TV조선에서 경연 프로그램 〈미스트롯〉을 10부작으로 편성하였을 때 트로트라는 단어로 진부하다고 생각했다. 아무도 〈미스트롯〉이 대박을 터트릴 것이라고 생각하지 못했다. 〈미스트롯〉의 성공으로 2020년에는 남자 가수들의 경연 〈미스터 트롯〉을 12부작으로 편성하였는데 마침 코로나19라는 현대인들이 처음 경험하는 팬데믹으로 대면 활동을 못하게 되자 TV 시청률이 높아졌다. 그래서 〈미스터 트롯〉은 초대박을 기록하였다.

연이은 성공 비결을 분석해 보면 인간 특유의 인정받고 싶은 본능을 자극하면서, 서열을 추구하는 본능까지 채워 주었다. 트로트는 원초적 본능에 가장 부합하는 리듬을 갖고 있어서 언제라도 다가올 수 있는 준비가 되어 있다.

직접적인 성공 요인은 객석을 청장년층으로 채워서 트로트가 노년층의 전유물이 아님을 보여 주었고, 트로트 프로그램을 고급화하여 KBS의 〈전국노래자랑〉과 차별화하였으며 자기 가수를 홍보하고 후원하는 트로트 가수의 팬덤을 형성하였다.

암흑기에도 트로트 가수들이 대를 이으며 한국 대중음악의 주류임을 포기하지 않았던 것도 오늘날의 열풍의 기반이 되어 시대정신에 부응한 것임을 간과해서는 안 된다.

이러한 복고 열풍은 이익적 합리주의로 가성비 추구 세대의 선택을 가능하게 하였고, 기성세대의 적극적인 모디슈머(modisumer, 자신만의 방법으로 제품을 활용하는 소비자)의 행동을 수용하여, 남들이 외면하거나 놓쳤던 대상에 주목하고 차별성에 정체성을 두었다.

혹자는 미래로 가는 사회에 과거로 가려는 사람들이 아이러니(Irony)라고 말하지만 미래로 가는 것이 과거를 버리는 것은 아니다.

1) 한국 드라마

TV가 많이 보급된 1970년대에는 〈보난자〉 같은 서부극이 인기였고, 1980년 초 컬러TV로 대체되면서 〈600만불의 사나이〉나 〈원더우먼〉 같은 공상과학 드라마 시리즈가 안방 극장을 달구었다. 이렇게 미국 드라마를 수입해서 보던 우리나라가 이제는 한국 드라마를 세계 여러 나라에 수출하고 있다.

드라마 한류의 시작은 일본이다. 2002년 KBS2TV에서 〈겨울 연가〉가 방영되어 전국을 뒤흔들 정도로 히트를 하자 2003년 NHK BS(위성방송)에서 〈겨울 연가〉를 방영하였는데 역시 큰 인기가 있었다. 그 인기에 힘입어 〈겨울 연가〉는 2004년 NHK에서 방영되어 일본 전체가 욘사마 앓이로 들썩거렸다. 한국 드라마는 일본의 중년 여성들만 좋아한다고 여겼지만 2005년 MBC 드라마 〈대장금〉은 남성들에게도 큰 호응을 이끌어 내면서 한국 드라마가 인정을 받았다.

우리는 꾸준히 미국 시장을 두드렸다. 한국 드라마 자체를 수출하기에 앞서 한국 드라마를 리메이크하는 작업부터 시작하였다. 2013년 KBS2TV에서 방송된 드라마 〈굿닥터〉는 2017년 미국 ABC에서 리메이크하여 〈The Good Doctor〉로 방영이 되었는데 시즌5까지 꾸준히 인기를 얻어 현재 시즌6을 준비 중이라고 한다. 미국 온라인 신문 '인디 와이어'는 ⟨The Good Doctor⟩의 성공 요인으로 '온수 목욕 효과'를 들었다. 미국 시청자의 기분을 좋게 만드는 따스한 드라마라는 것이다.

⟨굿닥터⟩는 일본, 터키에서 리메이크하여 시청률 1위를 기록하였고, 현재는 중국을 비롯하여 이탈리아, 인도, 중동 지역 국가 등 10개 나라에서 리메이크가 추진되고 있다.

한국 드라마의 성공 요인은 장르 드라마가 약진하면서 주변 인물로 확장된 서사가 재미를 더해 주기 때문이다. 남녀 주인공 중심에서 주변 인물로 이야기가 전개되고, 조연은 역할만 주다가 개별적 성격을 부여하자 주연 못지 않은 존재감 있는 캐릭터로 탄생하였다. 사건이 개성을 부여받은 주변 인물로 분산 확장되면서 다층적이고 복합적인 서사로 구성되었다. 등장인물들은 작가가 조종하는 수동적인 객체가 아니라 작가와 공존하는 주체로 존재하면서 다양한 의식이 표출되고 있다.

한국 드라마의 특징은 인간이 공감하고 추구하는 보편성이 등장인물의 캐릭터와 에피소드에 밀착되고, 보편성에 특이성이 존재해 다양하면서 지극히 개인적인 감정이 표현되어 모두의 공감을 불러온다는 것이다.

한국 드라마는 드라마 포맷에 영화적으로 표현한 드라마틱 시네마와 웹툰적 요소가 가미된 드라마로 변화하였다. 웹툰 스토리는 이야기의 무한한 가능성을 탄생시키며 과감한 전개 속에서 인간의 순수한 존엄성을 추구하는 보편성과 스토리 내의 상이점(相異點)이 설정되어 있어서 재미를 더해 주고 있다.

한국 드라마가 경쟁력을 가지려면 새로운 주제와 소재를 발굴하고, 장르 공식을 파괴해야 한다. 역사, 의학, 법정 드라마 등 다양한 장르 드라마에서 복합 장르로 크로스 오버(cross over)되어야 한다. 그리고 문제적 현실을 인식하고 그 현실을 강화시켜야 한다.

그러기 위해 인기작가에 의존하던 기존의 제작 환경에서 벗어나 신인작가 드라마 세계로 재편하고, 무엇보다 전문성이 있는 작가의 특화가 필요하다.

제작사는 드라마 산업을 스튜디오 중심으로 운영할 필요가 있다. 그래서 CJ ENM이 드라마 제작 전문 법인으로 설립한 '스튜디오 드래곤'이 승승장구하고 있는 것이다. 또한 제작 방법도 시즌제와 사전 제작제로 바뀌어야 한다. 대하드라마로 50부씩 끌고 갈 필요 없이 16부작 또는 12부작으로 편수를 줄이고 시즌별로 사전 제작하여 완성된 작품으로 시청자를 만나는 것이 좋다.

그리고 스핀오프(spin-off) 즉 기존의 드라마 등장인물이나 설정을 가져와서 새로운 이야기로 새 작품을 제작하는 것도 시청자들이 친밀감을 갖고 편안하게 시청을 할 수 있게 만든다.

이제 시청자들은 수동적 소비자가 아니라 능동적 관찰자이다. 예전에는 여자 주인공이 연기를 못하니 교체하라, 또는 스토리가 마음에 안 드니 그만하라는 정도로 의견을 피력했다면 요즘은 드라마의 오류를 지적한다.

시청자 참여형, 스토리 선택형 드라마가 등장하였다. KBS 〈사랑과 전쟁〉은 드라마 결말을 실시간으로 선택하여 반영하고, tvN 〈미스터리 형사〉는 몇 개의 결말 중 하나를 선택하도록 하여 그 결과를 반영한다.

앞으로의 드라마는 현실성과 개연성(가능성) 위에 상상력을 어떻게 배치할 것인가와 어떻게 완성도를 높일 것인가를 고민해야 한다.

2) 한국 예능

CJ ENM에서 2012년 포맷사업을 시작하였다. 아이디어를 프로그램화시키는 노하우를 파는 것으로 노하우의 핵심은 기획력, 구성능력, 구체화시키는 방법이다.

황혼의 배낭여행을 콘셉트로 한 여행 버라이어티 프로그램인 tvN의 〈꽃보다 할배〉는 포맷을 미국에 판매하였다.

한국 예능의 장점은 언제나 새롭다는 것이다. 유럽은 비드라마의 평균 방영

기간이 8.5년인데 반해 한국은 13~15개월이다. 짧다는 것은 계속 새로운 프로그램을 공급한다는 것이다. 한국 예능은 현장 융통성이 있어서 현장 상황에 따라 얼마든지 내용을 수정할 수 있고, 출연하는 연예인의 진정성 즉 몸을 사리지 않는 노력이 프로그램의 내용을 알차게 만든다.

무엇보다 가장 큰 장점은 단순하지 않은 예능이라는 것이다. MBC의 〈복면가왕〉, Mnet의 〈너의 목소리가 보여〉는 포맷 판매로 더 큰 성과를 보았다. 좋은 프로그램은 세계적으로도 경쟁력이 있다.

3) 한국 영화

세계 3대 영화제인 칸, 베를린, 베니스 국제영화제에서 작품상을 수상하는 감독들이 늘어나고 있다는 것이 한국 영화의 위상을 잘 말해 주고 있다. 한국적 소재를 세계적으로 확장하고 있는데 아예 세계 보편성을 기저에 깔아 서구인의 머릿속에 있는 신 중심의 헤브라이즘과 인간 중심의 헬레니즘을 한국적 소재에 접목시키기도 한다.

드디어 2020년 92회 아카데미 시상식에서 감독상 수상자로 〈기생충, parasite〉의 봉준호 감독이 호명되어 세계인들을 놀라게 했다. 〈기생충〉은 무려 아카데미상 4관왕이 되었다.

한국 영화의 성공 요인은 한국 사회의 역동성에서 나온다. 침체되지 않고 계속 빠르게 움직이기 때문에 인재들이 몰리고 있어서 성과가 있는 것이다. 스토리부터 정교하고 상징적인 디테일로 콘텐츠의 완성도를 높인다면 한국 영화는 더욱 빛을 발할 것이다.

4) K-POP

한국을 상징하는 K, 대중음악의 보편성을 나타내는 POP을 합하여 K-POP이란 신조어가 만들어졌다. K-POP의 시작은 1996년 HOT에서 시작되었다고 보는 견해들이 많은데, 1998년 클론의 대만 진출로 한류(韓流)라는 단어가 생기면서 한국의 대중문화가 큰 물줄기를 만들었다. 그러다 2011년 프랑스 파리에서 열린 SM타운콘서트의 성공으로 세계적인 관심이 모아지면서 K-POP이란 단어가 공식화되었다.

2012년 싸이의 〈강남스타일〉이 빅히트를 치면서 K-POP은 발전기를 맞이하였고, 2020년 BTS의 〈다이나마이트〉가 미국 빌보드 메인 싱글차트 1위를 차지하면서 K-POP은 최고점에 이르렀다. K-POP의 음악적 특징은 화려한 춤을 중심으로 하는 댄스음악이고 기획사에서 아이돌과 걸그룹을 선발하고 육성하여 팬덤 시스템을 통해 유통 소비되는 산업이라는 것이다.

K-POP은 지역적인 특수성과 글로벌한 보편성의 결합으로 국가 간의 언어와 문화의 차이를 극복하고 전 세계적으로 인기를 모으고 있으며, 미디어 환경 변화로 보편과 특수의 동시적 확산으로 갈등과 통합하여 재창조의 과정을 보여주는 문화 현상이 되었다.

5) 글로벌 팬덤

글로벌 팬덤을 조직적으로 형성한 것은 BTS이다. BTS는 2013년 데뷔하였는데 소속사가 대형회사가 아닌 중소기업이었다. 국내 활동을 잠시 하다가 대중음악의 헤게모니를 뚫을 수 없다고 판단하고 해외에서 활동을 시작하였다. BTS는 기존의 뮤직비디오가 아닌 미디어아트로 팬들과 소통을 하였는데 그 덕에 2017년부터 그들의 노래가 빌보드 차트에 올랐고, 2020년 빌보드 1위를 차지하였다.

BTS의 성공 비결은 메시지 관리에서 찾을 수 있다. BTS의 메시지는 'love yourself(너 자신을 사랑하라)'로 이 주제로 BTS는 2018년 유엔에서 연설을 하였다. 앨범에서도 메시지를 일관성 있게 끌고 가며 발전시키고 있다.

BTS의 세계관(fictional world, univers)은 화양연화(花樣年華, forever)이다. 화양연화는 '꽃처럼 아름다운 시절, 젊은 날의 빛나는 순간'인데 이것이 영원하기를 바라는 것이 BTS의 세계관인 것이다.

1차 텍스트 생산물(가사)에 세계관을 입힌 스토리텔링을 하고, 팬들은 세계관 해석 놀이를 하며 창작의 공간을 확장시켜 나가면서 공감과 유대감으로 형성된 팬덤은 문화적 세계 시민이 되었다.

팬덤(fandom)인 아미(army)가 BTS 세계관의 콘텐츠를 해석하며 다양한 이론을 만든다. BTS와 아미는 진정성을 갖춘 메시지를 중심으로 연결이 되었기 때문에 아주 단단한 팬덤이 형성되었다.

BTS의 성공에 플랫폼의 변화도 한몫을 하였다. 디지털 네이티브(native, 원어민)는 오프라인 콘텐츠도 동영상 플랫폼으로 소비를 한다. 온라인 마켓 플레이스(market place)에서 비즈니스 매칭 방식으로 시간과 공간의 제약 없이 자유롭게 소비를 하는 것이다.

BTS는 팬데믹 시대에도 활동이 위축되지 않았다. BTS의 실시간 라이브 공연 '방방콘 더 라이브'는 관객이 화면을 여러 개로 분할하여 내가 보고 싶은 멤버를 확대해서 볼 수 있고, BTS가 방으로 이동할 때마다 같이 이동하는 느낌을 받는다. 공연장에서 줄을 서지 않아도 되고, 비싼 좌석을 구매할 필요가 없어서 비대면 경제의 신한류를 만들기도 하였다.

BTS의 팬덤인 아미의 특징은 수평적 연대라는 것이다. 피에르 레비(Pierre Levy)의 저서 「집단지성」에서 거부하기 어려운 새로운 지식 공간을 코스모피디아(cosmopedia)라고 하였듯이 아미는 지성으로 수평적 연대를 가능하게 하여 우주의 유토피아 공간을 만들었다. 이곳에서는 생산성(productivity)과 참여(participation)로 인적·물적 자본을 축적하여 관람문화에서 참여문화로 바꾸어 관객의 적극적 참여로 BTS의 콘텐츠를 재생산하여 홍보하고, 팬 챈트(fan chant, 집단 응원 구호)를 유도하고, 기부활동을 하는 등 관객 모두 큐레이터가 된다.

6) 코미디의 변신

조선 시대의 전기수(傳奇叟)는 소설을 재미있게 읽어 주는 늙은이라는 뜻으로 소설을 읽으며 다양한 연기를 했기에 전기수의 인기는 매우 좋았다. 전기수를 희극인의 원조로 보는 견해도 있다.

우리나라 정통 코미디는 말로만 하는 만담, 몸으로 표현하는 슬랩스틱(slapstick)에서 공개 코미디 즉 마이크 앞에 서서 하는 스탠딩 코미디, 상황극 코미디인 개그(Gag)에서 버라이어티 형식으로 발전하였다.

1960년대는 라디오 코미디가 유행하다가 1970년대 TV에서 무대 코미디, 콩트 코미디(짧은 드라마)로 발전하였다. 1980년대에는 시추에이션 코미디(개그), 버라이어티쇼식 코미디로 확장되었고, 1990년대는 패러디 형식을 띤 인생극장 형태의 코미디, 코믹 다큐멘터리(리얼리티 기법으로 몰래카메라 등장), 토크식 코미디 등 코미디의 전성기였다. 슬랩스틱 코미디(액션)에서 말재주로 웃기는 코미디(삶의 페이소스, pathos)로 코미디가 고급화되어 시청자가 웃음 속에 감춰진 사회 풍자를 찾아서 스스로 판단할 수 있는 여지를 남겼다.

그러다 2000년대는 개그맨들이 MC군단에 다수 포함되면서 예능프로그램의 웃음코드를 담당하였다. 개그는 공개 코미디로 청중 앞에서 개그맨의 희극적 행동이나 말로서 청중을 웃게 하는 즉흥적 궤변이다. 3~5초에 한 번씩 웃겨야 하기 때문에 늘 새로운 것을 소비한다는 심리적 만족감을 충족시킨다. 빠른 회전성과 경쟁 시스템으로 더 빠르고 더 자극적인 소재를 찾아야 한다.

그런데 세대, 성별, 지역 등 비하 표현으로 네티즌들이 질타를 하면 방송사에서는 그 코너를 편집해서 방송하다가 나중에는 폐지를 했다. 이런 제약으로 인해 코미디 아이템이 고갈된 것이다. 우리 사회는 농담이 불편한 사회가 되었다. 정치 풍자를 할 수가 없다. 풍자를 풍자로 받아들이지 못하고 방송국에 항의를 한다. 코미디의 쇠퇴는 코미디언에게 있는 것이 아니라 웃음을 웃음으로 승화시키지 못하는 이해 관계자들의 지나친 간섭에 더 큰 책임이 있다.

그리고 예능 프로그램이 많아지면서 개그맨들이 고정 패널로 출연하여 그냥 편하게 웃기면 되지 반드시 코미디를 할 필요는 없다는 생각으로 예능에서 일회성 웃음을 날리고 있다.

코미디는 기획된 콘텐츠로 코미디의 몰락은 창의성의 몰락을 뜻한다. 코미디는 사회를 읽고, 대중의 마음을 대변하여 시청자에게 카타르시스를 주기 때문에 반드시 필요한 장르이다.

최근에는 소재의 금기가 없고, 형식이 자유로운 재야(在野) 코미디가 사랑을 받고 있으며 국제적인 환경에서는 몸개그 등 비언어 코미디가 경쟁력이 있고, 스낵컬쳐(Snack Culture)로 짧은 코미디 콘텐츠도 MZ세대의 관심을 끌고 있다.

콘텐츠 변화 요소

1) 기술 변화

인쇄 기술로 신문이 등장하였을 때만 하여도 전파를 이용해 음성을 전달하는 라디오와 영상을 전달하는 TV가 나오리라고 예상치 못했다. 그러다 전파가 아닌 통신을 통한 인터넷을 기반으로 하는 웹의 등장으로 신문과 잡지가 종이를 벗어나 웹 공간으로 옮겨 왔다. 글자, 이미지, 소리는 데이터로 재구성하여 재매개하게 되었다. 만화가 인터넷과 결합하여 웹툰이 되었다. 용량의 한계를 뛰어넘는 서버(server)를 통해 규모가 점점 확장되고 있다.

AIX(AI Transformation)는 방송 시스템이 AI로 전환되고 있다는 뜻으로 '2023 NAB Show'에서 편집 단계에서 AI를 이용하여 얼굴, 문자, 음성, 감정, 사물, 장소를 쉽게 찾아서 자동 생성하는 시스템을 선보였다.

우리나라에서는 SBS에서 얼굴인식, 문자인식, 음성인식, 자연어 처리, 이미지 DNA 번역 등 AI 관련 기술을 적용하고 있다. 방송의 AIX로 촬영이나 녹화 파일의 프리뷰가 빨라지고, 그날 분위기에 맞는 음악 선곡도 쉽게 할 수 있으며, 역주행 배우나 가수의 과거 출연 영상 찾기가 수월해진다. 방송에 AI 리메이크 채널의 진화 가능성을 전문가들은 말한다.

2) 형식 변화

웹소설의 시초는 1990년대 온라인 커뮤니티에 연재되었던 인터넷 소설이다. 인터넷 소설은 미국과 유럽에서 1990년대 초 하이퍼 픽션(hyper fiction), 팬 픽션(fan fiction)으로 소개되었다. 하이퍼 픽션은 하나의 소설 안에 여러 독자들이 참여하여 수많은 줄거리를 만들어 낼 수 있는 소설로 작가와 독자의 공동 창작 형태로 나타나는 디지털 시대의 새로운 소설 양식이고, 팬 픽션은 팬 스스로가 자신이 좋아하는 유명인이나 유명 작품을 주인공으로 삼아 창작한 이야기이다.

초창기 우리나라의 웹소설은 각 에피소드로 구성하는 서사 분절성과 이미지 활용으로 큰 인기를 모았다.

소설은 문장, 만화는 칸, 영화는 컷으로 구분하는데 웹툰은 칸이 없어지고 페이지 대신 스크롤 형식으로 가로가 아닌 세로 형태로 아래 위로 올리고 내리면서 본다.

컷 자체가 하나의 페이지로 읽히는 컷툰이다.

2003년 웹툰시장이 네이버와 다음 등 대형 포털에 형성되었다. 트래픽(traffic) 확보용으로 웹툰 서비스를 해 주었는데 웹툰은 콘텐츠산업을 이끄는 주류 문화이다.

영상을 새로운 무대 언어를 구사하는 제3의 배우로 연극 공연에 영상을 많이 사용하는데 최근 연극에 평면이 아닌 입체감이 있는 물체에 투사하여 정밀도를 극대화한 오브제 맵핑(Object Mapping)도 등장하였다.

그런가 하면 러시아 연출가 프세볼로트 메이예르홀트는 관객을 제4의 창조자라고 하여 관객을 적극적으로 공연에 참여시켰다.

3) 내용 변화

이야기는 욕망이다. 사람들은 누구나 이야기에 대한 욕구가 있다. 그래서 이야기에 많이 등장하는 사람은 비현실적인 사람이다. 몰락이 없는 완성형 영웅인 먼치킨(munchkin)으로 대리 만족을 한다. 여성의 유토피아를 실현시켜 주는 절륜남(웹소설에서 인기 절정의 남자 주인공)은 알고 보면 트리거(trigger, 트라우마로 인한 심리 상태)를 통해 결핍을 인식하는 하마르티아(hamartia, 비극적 결함)로 로맨스의 클리쉐로 진부하다.

아리스토텔레스에 의하면 비극의 주인공은 일반적인 사람들보다 좀 더 나아야 한다. 반면 희극의 주인공은 보통 사람보다 못해야 한다. 그러나 비극의 주인공은 그가 고결한 인간임에도 불구하고 어떠한 결함에 의해서 자기 자신의 불행을 초래하게 된다. 그래서 하마르티아는 과오, 약점, 비극적 결함이라고 번역된다.

이런 변화 속에서 다양한 포맷으로 제작할 수 있는 시대에는 세일즈 마켓보다 기획 개발이 중요하다. 예전에는 한 명의 장인에게 오랫 동안 가르침을 받는 사람 중심의 도제 시스템이었지만 이제는 콘텐츠가 중심이 되어 멘토링, 튜터링을 통해 각 프로젝트에 맞는 전문가와 만나는 시스템으로 운영된다.

그래서 콘텐츠는 파격과 새로움이란 수식어를 더 선호하고, 시간 편성의 자율권 개념을 이해해야 콘텐츠 기획이 가능하게 되었다. 그리고 전문성으로 디테일과 장르성이 살아 있는 콘텐츠가 경쟁력이 있다.

4) 숏폼 콘텐츠 등장

2020년 지코의 〈아무노래〉 챌린지 15초 동영상을 틱톡에 업로드하였는데, 그 동영상 속 춤을 따라한 동영상을 자신의 SNS에 올려 순식간에 크게 유행하였다. 이런 숏폼 콘텐츠(short form contents)를 스낵커블(snackable, 쉽고 빠르게 소비할 수 있도록 구성)이라고 하는데 틱톡(Tik Tok)을 통해 빠르게 확산되었다.

〈아무노래〉 챌린지를 단순히 보는 것에서 끝나지 않고 누구라도 그 동영상 춤을 따라 춘 것은 모방하는 밈(meme, 문화적 유전자) 현상으로 1976년 생물학자 리차드 도킨스(Richard Dawkins)가 발표한 이론으로 인간 사유의 총체인 문화의 구조가 생물학에서 다루는 유전자의 특성과 닮아 있다는 것이다.

바로 1년 전인 2019년 1인 1깡 챌린지로 가수 비의 〈깡〉 뮤직비디오를 UGC(user generated content)로 올렸지만 그때는 밈이 형성되지 않았다. 〈깡〉은 따라하기 힘들었던 것이다. 밈은 모방을 통해 확장되기 때문에 쉬워야 하고 직관적이어야 하며, 사람의 퍼스낼리티(personality)에 매력을 느껴야 한다.

10대의 집중력은 8초이고, 멀티태스킹(multitasking) 능력이 높아져서 스크린 5개 정도는 동시에 보면서 즐긴다. 그 내용이 기믹(gimmick, 트릭)인지 아닌지는 중요하지 않다. 그래서 영상 시청 전에 나오는 광고는 6초 이하 범퍼 애드(Bumper Ads)의 숏폼 광고이다.

이렇듯 숏폼 콘텐츠의 특징은 10초(드라마도 4~15분) 동영상으로 사용자는 디지털 네이티브(digital native)의 핵심 계층인 2~30대 MZ세대(밀레니얼+Z세대)이다. 빠른 전개, 결과를 바로 알 수 있는 단발성, 쌍방향 소통이 MZ세대의 호응을 이끌어 냈다. MZ세대는 정보 습득 방식에 가성비를 중요시하고, 서사보다 이미지, 콘셉트, 장면으로 기억을 한다. 비교를 통한 정보 수집은 초연결 사회에서 꼭 필요한 능력으로 자기 버전화한다.

숏폼 디지털콘텐츠 제작사 퀴비는 드림웍스를 세계적인 애니메이션 회사로 키운 제프리 카첸버그가 세운 회사인데 그는 스타벅스 커피 한잔 값으로 한 달 사용료를 내는 콘셉트로 시작하였다.

스마트폰 특성에 맞는 세로형 콘텐츠를 제공하고 GPS 기술을 이용해서 위치와 시간을 파악하여 그에 맞는 콘텐츠를 추천한다. 예를 들어 공포 영화는 밤에 서비스하고, 무서운 장면에는 진동을 하게 만든 것이다.

스마트폰을 손에 든 소셜미디어 이용자는 '사람들의 기억 속에서 사라지는 두려움(fear of missing out, FOMO)'을 갖고 있다. FOMO는 자신의 존재를 부정당하는 느낌이다. 그래서 어디를 가든 사진이나 동영상을 찍어서 SNS에 올리고 '좋아요' 횟수와 댓글을 확인하는 것이다.

그래서 사람들을 자연스럽게 참여시키는 콘텐츠 포맷으로 레거시 미디어(legacy media, 전통 매체)를 디지털 문법으로 바꾸어 가고 있다.

5) 부캐의 세계

캐릭터는 고정불변의 절대적인 것이 아니라 상대적이며 유동적인 개념으로 변화하여 부캐릭터에 맞는 의상, 스토리 콘셉트로 캐릭터 변주를 하였다. 익명성으로 은밀한 모습을 몰래 꺼내 놓는 듯한 부정적인 인식에서 자신의 장점으로 개성을 확장시키기 위해 멀티 페르소나(persona, 가면)를 이용하는 것을 부캐릭터 줄여서 부캐라고 한다. 히트하는 콘텐츠는 마야법칙(MAYA, most advanced, yet acceptable) 즉 급진적이지만 수용할 수 있는, 다름과 공감이 존재한다.

이런 부캐가 등장한 배경으로 현대는 정주(定住)가 아닌 이주(移住) 즉 노마디즘(Nomadism, 유목 생활, 새로운 자아찾기)이고, n잡러(여러가지 직업)와 긱(gig, 임시계약직) 노동자가 급증하고 있기 때문이다. 그래서 실친(실물 친구), 페친(페이스북 친구), 인친(인스타그램 친구)이 있다. SNS도 본계정 외에 전문성이나 취향에 따라 부계정이 있다.

인스타그램도 린스타(real instagram account)에 과장과 거짓의 핀스타(fake instagram account)가 있는 것이 현실이다. 자신의 모습은 감추고 부캐로 인간관계를 맺는 것을 더 편하게 생각하기 때문에 미디어에 본캐와 함께 부캐로 활동하는 연예인들이 생겼다.

그래서 해학꾼 펭수가 사랑을 받았다. 펭수는 펭귄 백수의 준말로 EBS 연습생 신분으로 우주 대스타를 꿈꾸는 황당한 캐릭터로 설정하였다. 펭수는 성별도 나이도 없다. 펭수는 혼종성이 매력으로 동물과 인간, 남성과 여성, 아이와 어른, 애교와 해학 등 이질적인 것들의 경계를 넘나들며 펭수만의 캐릭터를 구축하였다.

펭수는 전신 인형탈을 쓰고 등장하여 직접 말을 한다. 한국교육방송공사 EBS에서 2019년 등장하여 각 방송사를 넘나들면서 방송 활동을 하고, 외부 행사에 출연하는 등 유명 연예인 못지 않은 인기를 누렸다.

5.   미디어 습관

　우리나라 최초의 TV 방송은 1956년에 개국한 대한방송이다. 이것이 1961년 KBS로 다시 개국하였다. 2008년 「미디어법」이 제정되어 종합편성채널을 신설할 수 있는 법적 근거가 마련되었다. 종합편성채널은 지상파를 제외한 케이블방송, 스카이라이프, IP(internet protocol)TV이다. 그리고 2016년 OTT 서비스를 시작하였다.

　미디어 소비가 소유경제(purchasing economy)에서 공유경제(sharing economy) 그리고 이제는 구독경제(subscription economy)가 되어 무제한 구독형, 정기구독형, 렌탈 구독형으로 효용이론(utility theory)에 따르고 있다.

　2020년에 시작된 팬데믹으로 언택트 시대를 보내면서 구독경제가 활성화되었다.

　이것은 소프트웨어 회사인 Zuora 창업자 티엔 추오가 처음으로 사용한 개념인데 소유하지 않는 소비, 제품이 아닌 서비스 구매로 바뀌어서 소비자가 아닌 구독자(subscriber)로 구매 비용이 아니라 구독료(subscription free)를 내고 있다.

　코드 방식도 코드 커팅(cord-cutting) 즉 유료 케이블방송을 해지하고 OTT 서비스를 이용하거나 케이블방송과 OTT 서비스를 함께 이용하는 코드 스태킹(cord-stacking) 아니면 친한 사람들끼리 나누는 코드 세이빙(cord-shaving)으로 나뉜다. 월정액 요금은 SD(standard definition), HD(high definition), UHD(ultra high definition)의 화질에 따라 금액이 달라진다.

요즘은 경험구독을 많이 하는데 2030세대 욜로(YOLO, you only live once-현재의 행복과 그것의 가치를 좇는 삶의 방식)는 몰아보기(binge watching)로 내재적 동기와 사회적 욕구를 채우고, 미국의 심리학자 칙센트미하이(Mihaly Csikszentmihalyi)가 주장한 창의성과 관련된 몰입(flow)으로 판타스티시즘(fantasticism)을 즐긴다.

그래서 추천 알고리즘 시네매치(cine match)로 원하는 콘텐츠를 소비하고, N 스크린 기술로 시간과 공간의 제약이 사라지고, 디지털 환경은 개인 중심의 미디어 이용 형태로 미디어는 습관의 산업이 되었다.

영국 컨설팅업체 프라이스워터하우스쿠퍼스는 「글로벌 엔터테인먼트 미디어 전망 보고서」(2021)에서 코로나19로 소비자 행동이 급변하여 미디어 디지털화가 빠르게 이루어진 것을 가장 큰 변화로 꼽으면서 미디어 이용자의 습관이 미디어 운명의 향방을 결정한다고 하였다. 미디어 변화는 필히 이용자 습관의 변화를 동반한다는 것이다.

요즘의 미디어 이용자는 다양한 플랫폼을 통해 자신의 시청 레퍼토리를 구성할 수 있고, 플랫폼을 넘나들며 경험을 공유하고 싶어 한다. 동영상 라이브 스트리밍 서비스가 빠르게 확산한 것도 '댓글'이라는 '공동시청' 장치에 의해 만들어진 습관 때문이다. 초기 텔레비전과 영화의 산업적 성공을 이끈 경험적 관습의 핵심은 누군가와 함께 시끄럽게 떠들며 생각을 나눌 수 있었던 자유와 유연성에 있었다.

텔레비전 때문에 영화를 안 볼 것이라고 생각했으나 오히려 텔레비전이 재미있어지면서 영화가 발전한 것은 미디어 습관 영향 때문이다. 얼핏 콘텐츠 가짓수가 많아지고 다양해질수록 이용자나 플랫폼에 이득이 될 것 같지만 실상은 복잡성만 가중된다. 앞으로 '어떤' 미디어 경험을 '어떻게' 발명하는가가 미래 미디어의 성패를 결정할 것이다.

1) 방송 광고

미국에서 1906년 라디오 방송 개국과 동시에 방송광고가 시작된 것은 광고가 재원 마련의 수단이 되기 때문이었다. 인터넷 기반의 다양한 미디어가 등장하면서 다양한 형식의 뉴미디어 광고가 확산되었고, 방송 프로그램마다 간접광고, 협찬광고로 확대되었다. 지상파도 1, 2부로 나누어 광고를 할 정도로 방송사는 광고가 중요하지만 광고 시간에 대한 규제도 있고, 광고 내용이 방송광고 심의규정에 맞는지 심의를 받아야 한다.

기업도 광고에 대한 반응을 바로 구매로 연결할 수 있어서 좋은 광고로 최대의 효과를 얻고 싶어한다.

2) 영상 콘텐츠 제작

1인 크리에이터로 개인 방송을 하고 싶다면 채널의 3요소인 기획, 촬영, 편집이 가능한지를 판단해 봐야 한다. 즉 채널에 맞는 콘텐츠를 기획해서 영상으로 촬영하고 그것을 편집하면서 디자인하고, 채널 광고를 집행할 수 있어야 한다.

채널을 기획할 때는 아래의 3what과 3H를 점검한다.

- 3what: 나는 무엇을 잘 하는가, 잘 하는 것 중 무엇을 하고 싶은가, 하고 싶은 것 중 시청자가 좋아하는 것은 무엇인가
- 3H: hub(크리에이터의 본질), help(채널의 기존 팬덤을 묶는 역할), hero(기획력, 시간, 돈)

요즘은 다종 채널 즉 MCN(multi channel network)이라서 채널 자체가 인플루언서화(化)되었다. 독자들은 기획이 단단하고, 퀄리티 높은 콘텐츠를 선호한다. 유튜브 생태계는 아이템 선점이 생명으로 재미있고 의미 있는 콘텐츠 개발이 무엇보다 중요하다.

6

저작권 지키기

「지식재산기본법」은 2011년에 제정되었는데 산업재산권, 저작권, 신지식재산권을 규정하고 있다. 이 가운데 저작권에 대한 보호는 1957년에 제정된 「저작권법」에 규정되어 있다. TV 방송 프로그램인 영상저작물은 창작자와 실연자가 만든다. 「저작권법」에 영상저작물의 저작권은 영상제작자에게 양도되는 것으로 창작자는 저작인격권, 저작재산권, 실연자는 저작인접권이 있다. 저작재산권 보호기간은 생존기간+70년이고, 영상저작물 보호기간은 공표로부터 70년이다.

 방송 관련 업무에서 흔히 발생할 수 있는 저작권 피해 사례를 소개하면 다음과 같다.

 – 방송국에서 사내 인력으로 프로그램을 제작하면 업무상 저작물이며 방송 프로그램의 비디오 클립도 저작권 주장을 할 수 있다.
 – 구두계약도 서면계약과 동일한 계약 효력이 있으며, 제3자 간 이루어진 대화를 녹취하는 것을 금지하여 법적 효력이 없으나 당사자 간에는 녹음할 수 있고, 법적 증거로 인정된다.
 – 드라마 준비를 하다가 작가와 제작사가 계약을 합의 해지를 할 경우 집필

한 대본과 시놉시스 비용은 정산받을 수 있다. 작가와 제작사 사이에 서면 계약을 체결하지 않을 경우 제작사에 500만 원 이하의 과태료가 부과된다.

– 방송 프로그램 방영 중 작가 교체를 하면서 작가는 근로자가 아니어서 부당해고가 아니라고 주장하는 경우 계약 형식이 고용계약인지 도급계약인지 살펴봐야 한다. 고용계약이라면 관할 노동청에서 부당해고에 대한 구제절차를 밟을 수 있지만 도급계약이라면 해지사유의 부존재(성립하기 위한 조건을 갖추지 않은 것을 이르는 말)를 다투어 봄직하다.

– 계약기간 종료까지 방송이 편성되지 않자 '편성을 위한 목적으로 극본을 사용할 수 있다.'는 합의서를 작성하였다. 그런데 극본을 인터넷에 게시하는 등 무단으로 사용하여 작가가 항의하자 저작권이 회사로 양도되었다고 주장한다면 저작권 양도 계약인지, 이용허락 계약인지를 알아보고, 후자이면 이용허락 해지를 하고 손해배상 청구를 할 수 있다.

– 집필 스터디에서 공개한 A작가 시놉시스가 B작가의 소설로 둔갑한 경우에 보호를 받으려면 한국저작권위원회에 어문저작물로 저작권 등록을 해야 한다.

– 집필 계약에 완전 합의 조항은 주의를 요하며, 본계약 이전에 작가와 제작사가 서면 또는 구두로 합의한 내용은 본계약으로 대치되고 본계약을 변경할 때에는 반드시 서면으로 해야 한다. 계약서 내용 이외에는 인정되지 않는다.

– 드라마 편성이 불발되자 집필 계약서 합의 해지를 요구하며 전속 계약금 반환 요구를 한다면 그것은 불법이다.

– 임의로 다른 작가로 하여금 대본을 수정했다면 손해배상 청구를 할 수 있지만 작가가 원고 마감일을 지키지 않았거나 내용상 문제가 있었다면 작가에게 귀책 사유가 있는 경우로 추가로 작가를 위촉할 수 있다.

– 원저작물의 복제와 변형은 원저작자의 동일성유지권, 2차적 저작물 작성권 침해이지만 패러디 장면의 저작권은 「저작권법」 제35조에 따라 통상적인 이용방법과 충돌하지 않을 경우 저작물을 공정이용할 수 있다. 즉 드라마에 다른

드라마 패러디는 가능하다.

 - 분쟁이 발생할 경우 작가는 제작사에 손해배상 청구 외에 프로그램 제작, 방영 중지 제한을 할 수 있는 가처분 신청 등을 제기하지 않는다는 부제소 특약이 있는데 작가에게 불리한 특약이니 잘 생각해야 한다.

 - 시나리오 표준 계약서 조항을 그대로 방송작가 집필 계약에 포함하는 것은 맞지 않는다.

 - 웹 콘텐츠는 창작자와 출연자의 저작권을 분명히 해야 한다.

디지털 콘텐츠는 전 세계 어디에서라도 클릭만 하면 무한 복제가 가능하기 때문에 저작권 보호가 점점 어려워진다. 불법 정보유통에 대한 접속 차단 조치는 「정보통신망법」에 따라 설립된 방송통신심의위원회에서 업무를 담당하고 있고, 2016년 불법 복제물 접속 차단을 위해 신속한 조치를 취할 수 있도록 「저작권법」이 개정되어 한국저작권보호원에서 운영하는 저작권보호심의위원회의 심의를 통해 불법 정보 차단을 위한 시정명령 내지 시정권고 등을 내릴 수 있도록 했다. 그래서 신고로부터 실제 차단까지 일주일이 걸린다.

불법 링크 제공행위의 차단을 통한 저작권 보호를 위해 노력하고 있지만 해외에 서버를 둔 경우는 저작권 보호를 위한 국제 공조가 필요하다. 그런데 무엇보다 이용자가 불법 복제물의 이용이 정당한 권리에 대한 침해라는 인식을 가져야 한다.

1) 결합 예술

16세기 이탈리아에서 문학, 무용, 미술, 연극이 결합한 오페라가 등장하였고, 19세기말 영국에서 오페라에 무대장치 기술이 결합한 뮤지컬이 선보였다. 매체 기술의 발달로 무대가 화려해졌고, 아날로그와 디지털의 경계를 알 수 없는 자연스러운 무대가 되었다.

입체무대영상기술로 프로젝션 맵핑(projection mapping)*, 인터랙티브 미디어(interactive media)*, 홀로그램(hologram)*의 VFX(Visual Effects)로 한정된 무대에서 시간과 공간을 초월할 수 있는 매직(마법)이 벌어졌고, 가시적이지 않은 감정, 생각, 기운, 기류 등을 세련된 이미지로 시각화하였다.

360도 입체콘텐츠 제작스튜디오에는 수백 대의 카메라가 상하, 좌우, 대각선 등 자유자재로 회전하기에 자연스러운 연출이 가능하다.

* 프로젝션 맵핑(projection mapping)은 대상물의 표면에 빛으로 이루어진 영상을 투사하여 변화를 줌으로써, 현실에 존재하는 대상이 다른 성격을 가진 것처럼 보이도록 하는 기술

* 인터랙티브 미디어(interactive media)는 문자, 그래픽, 애니메이션, 비디오, 오디오 등의 콘텐츠에 입력되는 사용자의 동작에 반응하여, 가변성을 가지는 디지털 컴퓨터 기반의 시스템

* 홀로그램(hologram)은 두 개의 레이저광이 서로 만나 일으키는 빛의 간섭효과를 이용해 3차원 입체 영상을 기록한 결과물

2) 관객의 진화

증강현실(AR, augmented reality) 등 실감형 인터페이스를 통해 개인 체험형 콘텐츠를 제공하면 소비 관객이 아닌 생산 관객으로 관람의 가치를 높이고, 관조 관객에서 해방 관객으로 바뀌었는데 이것을 해방된 생산 관객이라고 한다. 프랑스 철학자 자크 랑시에르(Jacques Rancière)는 관객이 능동적으로 느끼고 생각하고 해석하는 해방된 관객이라고 하였다. 구경꾼이 아닌 인지하는 관찰자이며, 단순한 관찰자가 아닌 참여를 통해 공명을 생성시키는 구성원이 되었다.

초인간, 초인류, 초생명의 세계로 초연결 등의 기술을 바탕으로 초개인화(Hyper Personaliztion)가 되어 1인칭 입장에서 상상의 극한(Extreme Imagination)을 경험하는데 그 핵심인 인간다움(human being)은 상상력, 창의성을 발휘한다.

3) 기술 발전

IT의 3대 키워드는 클라우드, 빅데이터, AI(인공지능)이다. 궁극의 가상 현실은 행동의 제약도 없고, 공간의 제약도 없는 형태인데, 그런 미래의 가능성을 보여 주는 것이 바로 뇌파 컨트롤러이다.

융합 현실(MR, mixed reality)은 5G(generation)로 가상현실(VR, virtual reality), 증강현실(AR, augmented reality) 등을 융합하였다. 우리나라는 2019년 5G 시대가 시작되었는데 중국, 한국, 미국, 일본이 Tier1 그룹이다.

현재는 인공지능 AI(artificial intelligence), 생체기술 등으로 확장되고 있다. 즉 몸짓과 음성으로 지시하는 인터랙션(interaction) 예를 들어 kt의 '지니', 네이버의 '클로바', 구글의 '헤이 구글' 등이 일반화되고 있으며, 확장 현실(XR, extended reality)로 초실감 체험(Immersive Experience)을 체감하고 있으며, 메타버스(Metaverse)는 외부 세계와의 관계를 만들고, 공간의 표현 방법에 따라서 생활기록(lifelogging), 증강현실, 복제현실(mirror worlds), 가상세계(virtual worlds)를 구현해 낼 수 있다.

가상현실은 컴퓨터 그래픽의 아버지라고 불리는 이반 서더랜드(Ivan E. Sutherland)가 정의하였고, 메타버스는 미국 작가 닐 스티븐슨(Neal Town Stephenson)이 1992년 발표한 소설 「SNOW CRASH」에 등장한다.

이런 기술은 영상콘텐츠에 놀라운 발전을 일으켰다. 초실감 뷰(Immersive view) 즉 매트릭스 뷰(대상을 빙 돌아가면서 봄), 초다시점 디스플레이(입체 영상), 옴니뷰(원하는 지점을 선택하여 봄), 타임 슬라이스(time slice, 특정 장면을 펼쳐서 봄), 홀로그램(미래 모습, 죽은 사람의 재현)이 가능해졌다.

사진과 동영상 자료를 취합하여 GAN(생성적 적대 신경망) 기술로 Mnet AI음악프로젝트 〈다시 한 번〉에서 안타깝게 세상을 떠난 가수 김현식을 소환할 수 있었다. 이렇듯 AI가 문화산업의 지평을 넓히고 있다.

음성 녹음 파일만 있으면 어떤 인물의 목소리로 다른 내용의 말을 만들어 낼 수 있는 닮은 소리를 만드는 AI 보이스 서비스가 있다. 이렇게 미디어의 기적이 일어나고 있는 것이다.

한편 AI 저널리즘으로 가짜 뉴스를 찾아내는 팩트 체크를 하고, 비디오 인증기(video authenticator)로 딥페이크(deepfake, 인공지능을 활용한 인간 이미지 합성 기술)를 검색할 수 있다. AI를 어디에 어떻게 적용하여 선한 영향력을 펼치도록 할 것인가를 연구하여 AI가 우리 사회를 오염시키지 않도록 해야 한다.

제3장

방송 실기

1. 라디오 방송

1) 라디오 방송의 역사

라디오 방송은 1906년 시작하여 한국은 1927년 2월 16일 경성방송국이 개국하였다. 라디오는 속보성과 현장성으로 1960, 70년대 전성기를 누렸다. 그러다 인터넷의 발달로 라디오 수신기 없이 인터넷을 통해(KBS 콩, MBC 미니, SBS 고릴라, EBS 반디) 라디오를 들으면서 제작진과 채팅을 하듯이 실시간 참여가 가능하고, 보이는 라디오로 TV 효과도 있다.

2005년 DMB(Digital Multimedia Broadcasting) 방송이 등장하여 스마트폰으로 시청이 가능해지고, 2007년 위성 DMB 서비스를 제공하는 TU미디어(비디오채널, 오디오채널)이 생기면서 위성 DMB라디오가 등장하여 일반 음악 프로그램의 DJ zone과 시사, 개그, 영어 프로그램의 Variety zone 그리고 24시간 음악을 들려주는 Non stop zone이 형성되었다.

2) 라디오 구성작가

라디오 작가, 드라마 작가, TV다큐멘터리 작가, 코미디 작가, 외화번역 작가 등이 활동하고 있는데 작가군을 크게 분류하면 드라마 작가와 비드라마 작가로 분류할 수 있다.

라디오 채널이 늘어나면서 스크립트 라이터(script writer)를 줄여서 스크립터

라고 하는 라디오 구성작가가 많아졌다. 라디오 구성작가는 DJ음악 프로그램, 오락코미디 프로그램, 편지쇼 프로그램, 시사정보 프로그램, 라디오다큐멘터리를 담당하게 된다. 라디오 구성작가의 글은 진행자의 입을 통해서 전달된다.

3) 라디오 작가의 자질
- **매순간 빠른 판단력을 요한다.**
- **성실함과 책임감이 필요하다.** 개인적인 일로 다른 사람이 대신 써 줄 수 없다.
- **따뜻한 시선으로 세상과 사람을 관찰하는 능력이 필요하다.** 세상사를 바라보는 눈이 따뜻하면 더 많이 보인다. 방송은 우리 주변의 평범하지만 그냥 지나칠 수 없는 사람들의 이야기를 소재로 하기 때문이다.
- **원만한 인간관계는 필수조건이다.** 출연자에게 최대한 친절하게 자세를 낮추고 접근해야 한다.

4) 방송문장이란
- **구어체로 써야 한다**: 문장이 아니라 말을 써야 한다.
- **간결해야 한다**: 형용사, 부사 등의 사용은 자제한다.
- **쉬워야 한다**: 듣고 이해할 수 있어야 한다.
- **내용 전달이 정확해야 한다**: 분명한 메시지가 있어야 한다.
- **존칭을 제대로 쓰자**: 저희나라가 아닌 우리나라가 맞다.
- **청취자에게 최고의 존칭을 사용한다**: 이중 경어는 거북하다.
- **바른 말을 쓰자**: 표준어 사용, 우리말 사용, 유행어, 인터넷용어, 저속어는 피해야 한다. 예를 들어 통계에 의(依)하면이 아닌 통계에 따르면으로 해야 우리말이 된다.
- **약어, 구태의연한 관용구를 피해라**: 연립정부를 연정으로 줄인다거나 남들이 흔히 하는 말은 피하는 것이 좋다.

방송 글은 쉽게, 짧게, 말하듯이 하면서도 신선함과 독창성이 있어야 한다. 라디오 방송 청취자들은 독창성 때문에 귀에 쏙쏙 들어오는 말에 끌리는 것이다. 그래서 라디오 작가는 듣는 이의 호흡에 맞춰서 짧게 써야 하고, 그 분야에 관한 지식을 충분히 숙지한 다음 알기 쉽도록 풀어서 쓴다. 신중함과 꼼꼼함이 필요하고, 편파적이어서도 안 된다. 정확도와 신빙성을 위해 몇 번이고 확인하고 품위 있는 언어를 사용(저속어, 은어, 금기어 안 됨)한다.

5) 라디오 프로그램 제작 과정

- **편성**: 편성은 방송 프로그램을 종류별, 내용별로 어느 시간대 어떤 프로그램을 배치할지 배열하는 행위로 정규편성, 주간편성, 일일편성, 특집편성, 임시편성, 특별편성(재해, 선거 등)이 있다.

종합편성은 방송사 특성별로 종교방송, 국군방송, 교통방송, 국악방송, 교육방송으로 나뉘고, 채널별 특성에 따라 KBS1FM은 클래식음악 전문 채널, KBS1라디오는 뉴스 전문 채널이다.

시간대별 구획 편성은 새벽에는 노인과 농어민 대상, 출퇴근 시간에는 직장인 대상, 오전에는 전업주부 대상, 낮 시간대는 자영업자 대상, 밤 시간대는 청소년 대상, 심야 시간대는 마니아층을 대상으로 편성한다.

- **기획**: 기획은 어떻게 프로그램을 만들겠다는 계획으로 그 기획을 문서로 작성한 것이 기획안이다. 기획 회의에서 진행자, 요일별 코너와 패널을 정하고 나면 기획안을 쓴다. 기획안은 제목과 부제를 쓰고, 기획의도에서는 이 프로그램이 왜 필요한지부터 설명하고 차별점을 부각시킨다. 다음은 내용으로 프로그램 코너와 패널을 어떻게 구성할 것인지를 담고, 마지막 기대 효과에서는 프로그램의 효용가치를 공공의 이익 차원에서 예측한다.

특집 프로그램 기획안은 특별한 날, 특별한 주제로 매일 프로그램의 기획특집이나 1년 단위의 연중 기획특집이 있다.

- **자료 찾기**: 누구나 다 알고 있는 자료가 아닌 특별한 자료를 찾으려면 발품을 팔아야 한다. 앉아서 인터넷으로 검색을 하면 새로운 자료를 발견하지 못한다. 모든 자료가 다 가치 있다는 생각으로 자료를 소중히 여겨야 한다. 자료를 스킵(skip)하다 보면 나중에는 아무런 자료도 남지 않게 된다.

 작가의 눈으로 자료 찾기를 해야 하는데 하나의 자료에서 다른 자료 단서를 발견하고, 자료의 중요도를 표시해서 우선 순위를 정한다. 그래서 자료를 보는 안목을 키우는 것이 필요하다. 나만의 자료를 찾으려면 많은 사람들의 이야기를 경청해야 한다. 그래서 작가들은 남의 이야기를 듣는 것을 좋아한다.

 방송에 출연했던 연사들의 경력과 언어습관 등을 기록한 연사 목록을 만드는 것도 방송작가 생활에 큰 도움이 된다. 방송작가에게는 섭외 가능한 사람들이 재산이고 실력이다.

 - **섭외 요령**: 청취자를 대신해 출연자를 모신다는 것을 상대에게 주지시켜야 한다. 섭외를 거절당할 때 더 기분 좋게 다음을 약속한다.

 - **구성**: 구성은 요리다. 아무리 식자재가 좋아도 요리를 못하면 맛이 없듯이 구성력이 있어야 프로그램이 재미있다. 그래서 작가는 무엇을 어떻게 담을지 밑그림을 먼저 그려야 한다.

 - **방송원고 쓰기**: 오프닝에는 작가의 시선이 들어가야 하고, 생방송 오프닝은 생방송 느낌을 살려야 하며(시사, 날씨 등), 녹음용은 시제나 시사 등에 조심해야 한다. 오프닝은 간결하게 1분 이내(400자)로 쓰고, 작가가 반드시 소리 내어 읽어 본다.

 코너 원고는 매일 코너와 요일별 코너가 있는데 보통 출연과 전화로 구성한다.

코너 아이템과 출연자 선정이 결정되면 출연자 섭외를 하고, 출연자에 대한 자료 조사 및 사전 인터뷰를 하는데 이때 섭외 목적에 맞는 질문을 한다.

인터뷰 원고 쓰기는 물 흐르듯이 매끄럽게 하면서 상대방을 배려해야 한다. 인터뷰는 관심을 끌면서 시작하고, 주위를 환기시키며 마무리한다. 질문지가 완성되면 출연자에게 질문지를 보낸다. 방송 중에 프롬프터(prompter, 자막노출기)로 추가 질문을 사회자에게 주문할 수 있다.

연극적 요소의 콩트가 있는데 반전을 할 수 있는 소재로 풍자(쓴웃음), 아이러니(기가 막혀), 유머(웃음) 등 공감이 되는 내용이어야 한다. 콩트는 얘기의 핵심을 잡고, 등장인물은 2~3명(진행자 1인 다역)으로 성별과 연령 그리고 직업 등을 정한다. 다이알로그(Dialogue, 대사)를 매끄럽게 이어 주는 해설이 들어간다.

콩트는 바로 듣고 바로 웃을 수 있어야 한다. 사건 중 하나를 부각시켜 짧지만 강렬한 인상을 주는 시사 풍자나 상황을 설정하고 답을 구하는 퀴즈 형식이 있다.

코너와 코너를 연결해 주는 브릿지 원고는 필러(filler) 즉 코너를 설명해서 채워 주는 역할을 한다. 누구나 공감할 수 있는 얘기를 나만의 독특한 시각으로 재해석하는데 이때 청취자를 가르치려는 듯한 원고는 안 된다.

프로그램을 마치는 클로징 원고는 짧은 한마디에 여운이 남도록 쓰는 것이 중요하다.

6) 라디오 원고의 법칙

방송작가는 진행자의 입이 되어야 한다. 그래서 원고를 쓴 후 소리 내어 읽으면서 운율이나 듣기 편한 어휘로 교정한다. 가볍고 상쾌한 언어, 이해하기 쉽고 깊은 인상을 주는 언어, 시처럼 은유적인 언어가 좋다.

TV 구성작가가 라디오 원고 쓰기가 힘든 것은 TV는 화면으로 모든 것을 보여 주지만 라디오는 시각언어로 표현해 주어야 하기 때문이다. 그런데 시각언어로 잘 표현하면 TV 장면보다 훨씬 더 아름답고 완벽한 그림이 된다.

6하 원칙의 순서는 바꾸어도 되지만 6하는 반드시 들어가야 논리적이다. 그리고 공정한 시각과 객관적인 시선을 유지해야 한다. 누구나 다 하는 얘기는 피하고, 흥미와 감동 두 마리 토끼를 잡아야 한다. 방송이 벌써 끝나나 싶을 정도로 짧다고 느끼면 성공이다. 다음 방송을 기대할 수 있게 흥미를 지속시키는 구성(궁금증, 긴장)을 해야 한다.

소리에 대한 판단은 20초 안에 이루어지기 때문에 20초 안에 고개를 끄덕일 수 있도록 공감할 수 있는 메시지여야 한다. 또한 가장 중요한 것은 누구에게도 상처 주지 않는 내용이어야 한다는 것이다.

7) 장르별 원고 쓰기

– **음악토크 프로그램**: 클래식, 재즈, 록, 힙합, 월드뮤직 등 음악에 대한 해박한 지식과 풍부한 자료가 있어야 하기에 음악평론가, 팝칼럼니스트, 음악전문지&웹진 기자 출신의 전문 음악작가가 있다.

선곡은 2시간 방송에 15곡~20곡을 준비하고 도입 단계는 밝고 경쾌한 음악으로, 상승단계는 조용하고 아름다운 음악으로, 분위기를 전환할 때는 익숙한 음악으로, 마무리는 감동과 여운이 남는 음악으로 배치하며, 알려진 곡과 신곡의 비율을 7:3으로 한다.

– **시사정보 프로그램**: 작가는 아이템을 하루에 3~4개씩 찾아서 연사 섭외를 하고, 질문지를 작성한다. 보통 10분 인터뷰에 기본 질문 10개(중요한 질문부터)와 예비 질문 2~3개를 준비한다. 시사정보 프로그램의 매력은 여론을 형성하고 숨어 있는 진실을 찾아내는 것이다. 그래서 시사프로 작가는 정의감에 불

타곤 한다.

  아침 프로그램은 시청자의 모닝콜 역할과 그날 필요한 정보를 제공하고, 저녁 프로그램은 아침 시간대와는 다른 정보 욕구를 채워 주어야 한다.

  – 편지쇼: 사연의 주인공이 청취자들이기 때문에 서민의 애환을 다루기에 작가는 따뜻한 시선이 필요하다. 청취자와 소통한다는 장점이 있다. 하루 7통 소개를 하는데 감동, 웃음, 사회 비판과 제언 등으로 구성한다. 같은 주제도 소재로 분류한다.

  편지를 낭독할 때 편지를 읽지 않는 MC는 추임새를 넣는다. 편지는 뜻을 훼손하지 않을 정도로 문장 수정을 하는데 편지쇼에서 가장 중요한 것은 편지 내용이 가짜인 것을 가려내는 것이다.

  – 공개방송: 청취자와 가까워지기 위해 방송국 공개홀이나 다른 장소에서 방청객과 함께 방송을 진행한다. 작가는 PD와 함께 장소 사전 답사를 하고 주제 선정 및 출연진 섭외 외에 청취자를 관객으로 초대해서 인터뷰를 할 수 있도록 단골 청취자를 섭외한다. 관객을 대상으로 간단한 인터뷰를 할 때도 미리 섭외를 해야 한다.

  공개방송은 생방송이나 녹음방송으로 실시하는데 무료 방청권(10% 추가 배부)을 사전에 배포한다.

  쇼 공개방송의 첫 번째 출연자는 댄스 가수나 빠른 곡, 라이브 연주 그룹(악기 조율 등 시간이 소요되기 때문)을 배치한다. 음악의 완급을 조절하고 두 곡을 부를 경우 히트곡, 신곡의 순서로 부르게 하고, 출연자의 성별 안배도 필요하다. 인기 출연자는 마지막 순서에 배치하여 관객들이 끝까지 자리를 뜨지 않게 한다. 출연자와의 인터뷰를 사이사이에 실시한다.

  – 라디오 다큐멘터리: 기획부터 뚜렷한 목적을 갖고 공공성, 공익성을 담아

야 한다.

　프로그램 제작 과정은 기획 회의, 자료 조사, 구성안, 섭외, 취재로 진행되는데 현장 취재여서 미리 어떻게 취재할 것인가에 대한 촘촘한 콘티가 필요하다.

　소리나는 옷, 매미 소리, 폭포 소리 등으로 인터뷰 내용이 묻히지 않도록 주의하고 인터뷰이(interviewee)의 목소리를 그대로 담을 수 있도록 해야 한다. 취재를 마친 후 리뷰를 하면서 사용할 부분을 편집한 후 인써트 컷으로 구성을 한다. 논리정연하게 배열을 해야 하는데 두괄식으로 시작부터 관심을 집중시킨다. 내레이션은 보통 시사다큐는 '했다'로, 휴먼다큐는 '했습니다'로 어미 처리를 한다.

　- **라디오 드라마**: 성우, 효과, 음악, 엔지니어가 기본 스태프이다. 라디오 드라마는 인간적이고, 무한한 상상력을 유발시킨다. 모든 상황이 말로 표현되기 때문에 가슴을 치는 대사가 관건이다. 음악은 시간과 장소 전환, 심리 표현 등에 사용된다.

　이상 살펴보았듯이 라디오 작가가 되려면 무엇보다 글을 잘 쓸 수 있어야 한다. 그리고 아이디어가 많고, 따뜻한 시선을 가져야 하며 사람들과 신뢰를 쌓아야 한다. 라디오 작가는 만능 엔터테이너로 전문성이 있어야 하는 것이다.

TV 방송

1) 방송이란

방송은 전파라는 공공재를 사용하는 대중과 친화성을 가진 매체이다. 그래서 방송은 보편성과 공공성, 중립성, 친근성, 현실성, 매력성, 환상성, 예술성을 가져야 한다. 정보와 재미를 통해 시청자들이 대리 만족을 느낄 수 있도록 활력을 불어넣는다.

방송 프로그램은 효과적으로 테마를 전달하면서 시청자들이 참여의식을 갖도록 한다. 방송은 참신하고 다양한 소재 개발, 주제 의식의 명료성, 실험 정신과 형식의 다양화로 시청자와 함께해야 한다.

○ 방송 제작 단계

기획안에는 제목, 기획의도(주제), 제작 방식, 방송 시간, 주요 출연자, 구성 및 내용, 예산 등을 넣는다. 기획안이 OK 되면 구성안을 짜는데 전체적인 윤곽은 지키면서 체계적이고 논리적으로 전개한다. 구성안에 따라 대본을 집필하는데 인물, 사건, 배경이 유기적으로 얽혀 발단, 전개, 위기, 절정, 대단원의 과정이 설득력 있게 펼쳐져야 한다. 구성이 허술하면 프로그램은 한순간에 무너진다.

사전 촬영은 ENG(electronic news gathering) 카메라가 취재를 나가고, 현장과

생방송으로 연결할 때는 중계차를 배치한다. 방송은 녹화 또는 생방송으로 진행하며 스튜디오(ST)에서 ENG와 중계차(생방송)를 연결하면서 진행한다.

녹화나 생방송에 앞서 드라이 리허설(dry rehearsal), 카메라 리허설(camera rehearsal)을 한다. 드라이 리허설은 대본을 맞춰 보는 것이고, 카메라 리허설은 분장과 의상까지 갖춘 후 카메라 위치를 맞춰 보는 것이다.

방송을 마친 후는 종합편집 단계로 자막, 컴퓨터 그래픽, 음악 작업 등을 한다.

○ **방송 프로그램 유형**

- **오락 프로그램**: 시트콤, 버라이어티쇼, 토크쇼, 가요쇼, 퀴즈쇼, 연예정보로 가장 편하게 즐거움을 추구하며, 여가 활동을 하게 한다. 의식보다는 무의식, 논리보다는 감성을 자극해야 하며 방송은 하나의 사회제도여서 오락도 사회 구조와의 상호작용 속에서 규정한다.

오락프로 작가는 아이디어(창의력, 상상력)를 창출하기 위해 역발상과 현대적 감각이 있어야 한다. 종합적 사고와 논리적 사고가 필요하고, 사회 변화에 민감하며 스토리텔링과 무대 활용 능력이 있어야 한다.

원고를 집필할 때는 프로그램의 목적과 의도를 의식적으로 명료화하고, 질이 좋은 정보를 풍부하게 수집한다. 새로운 정보를 가공 및 변형할 수 있어야 한다. 같은 분야 프로그램 모니터를 하면서 '나라면 어떻게 했을까?'를 생각해 보고 많은 사람을 만나 이야기를 듣고 메모하는 습관으로 아이디어를 구체화시킨다.

작가는 항상 신선한 내용인가, 현장감과 친근감이 있는가, 흥미가 있는가, 기억하기 쉬운가 등을 늘 유념해야 한다.

- **코미디 프로그램**: 웃음, 유머, 코믹, 풍자, 흉내내기(패러디), 소극, 해학극, 희비극, 서정시, 로맨스, 위트 등으로 표현이 된다. 현실을 비트는 방법으로 개

그, 말장난과 재담 그리고 몸으로 표현하는 슬랩스틱(slapstick)이 있다.

코미디는 풍자로 사회에 대한 좌절과 불만을 폭발시키지 않고 사회의 규범 안에서 안전하게 해소시키는 구실을 하고, 사회 안전핀으로서의 웃음은 교정의 기능을 한다. 웃음을 자아내는 의외성은 건전한 위안이 되기 때문에 대중성을 확보하고, 문화코드와 연관시켜 대중문화를 형성하기 때문에 청소년에게 인기가 있다.

코미디 작가는 관찰력과 정보력 그리고 유행하는 문화코드, 대중예술코드, 스포츠, 경제, 정치 등 시류에 민감해야 한다. 코미디 프로그램 아이템회의는 개그맨들도 참여를 하는데 어떤 의견이 나오더라도 비판을 하지 않고, 자유분방하게 무슨 말이라도 하도록 하는 것은 아이템을 결합하여 제3의 아이디어로 독창성, 경제성, 실용성을 갖춘 개그 코너가 되기 때문이다.

개그 코너는 주인공 인물의 강한 특성을 잡아야 한다. 주인공과 대조적인 성격의 트러블 메이커도 반드시 필요하다. 기본 웃음은 캐릭터가 만들고, 반복, 모방(유사성), 과장(어리석음, 부조리, 과욕)이 상황적 웃음을 만든다. 우매(우월감과 자기 만족감의 통쾌한 웃음), 기대와 기대 밖, 반전, 부조화와 불균형, 연쇄반응(기대적 요인, 역전적 요인), 착오, 착각, 실수의 폭로와 풍자와 부조리, 모순, 허영, 놀람, 위선, 가장, 허위, 거짓말 등이 상호 상관관계를 가지고 복합적으로 웃음을 만들어 낸다.

– **쇼오락 프로그램**: 오락은 큰 소리로 떠들되 그것을 듣고 보는 이의 마음을 결국에는 안정시켜 주는 카타르시스(catharsis)가 재미를 준다. 그리고 쇼는 휴식과 편안함을 주어 TV의 기능을 더욱 활성화시키는 촉매 역할을 한다.

쇼오락 프로는 기획을 할 때 적절성, 충실성, 독창성을 중요 요소로 보고, 소재의 적절성, 언어적 표현의 적절성, 비언어적 표현의 적절성에 오락적 요소를 담아야 한다. 쇼오락 프로는 장르를 파괴하여 교양물 같은 오락 인포테인먼트(infortainment), 에듀테인먼트(edutainment)로 정보쇼, 리얼 버라이어티쇼가 있다.

쇼오락 작가는 구성력, 섭외 능력, 문제의식, 상황판단력, 재치, 순발력, 연출 전문지식(조명, 음악, 미술 등)이 있어야 한다. 작가는 출연자의 캐릭터를 살리고(몸짓의 특징, 말투, 대화방식, 장점), 시청자가 원하는 것이 무엇인지 정확히 알아야 한다(친근감, 공익성).

 - **버라이어티쇼**: 테크놀로지(technology)의 발달로 영상을 소개하는 프로그램이 게임형, 음악형, 토크형 등으로 등장하였다. 버라이어티쇼는 도입, 전개, 쇼 업(show up), 파이널(final)로 구성한다. 버라이어티쇼는 MC(master of ceremony) 역할이 중요하다. MC는 프로그램의 조정자로 균형추 역할을 하고, 효과를 극대화시키고, 출연자를 돋보이도록 한다.

그래서 MC는 교양과 오락성을 겸비하고, 자기만의 개성이 있어야 하며, 시청자의 요구에 민감하게 반응해야 한다. 출연자와 제작 스태프(staff)와 친근하고, 방청객과 친밀하게 상호작용을 하면서 프로그램에 대한 주인의식과 애정이 있어야 한다. 그래야 꼼꼼한 사전 준비와 방송 후 모니터를 열심히 하여 개선점을 찾아 수정하는 열정을 보인다. MC는 프로그램을 이끌어 가는 담대함과 매사에 겸손함을 잃지 않으면 성공할 수 있다.

 - **토크쇼**: 말은 역동적이며 상황 구속력이 있다. 그래서 토크쇼가 필요하다. 기획 회의를 할 때 ① 주인공은 흥미를 끄는 인물인가? 즉 이야깃거리가 있어야 한다. ② 주제에 맞는가 ③ 재탕은 아닌가를 살핀다.

토크 프로그램의 유형은 주제 중심의 토크와 인물 중심의 토크가 있다. 토크쇼의 구성 요소는 진행자와 보조 진행자, 게스트, 방청객, 밴드(브리지 역할)로 게스트의 개인기를 보여 주기도 하고, 주변 인물을 초대하고, 방청객 피드백을 화면에 담는다. 숨겨진 카드로 뜻밖의 인물이 등장하기도 하고, 자료 화면이나 미리 촬영해 둔 비디오 클립(video clip)을 중간중간 사용한다.

토크쇼 MC 조건은 인간성이 좋아야 하고, 정확한 판단력과 순발력, 친근감,

신뢰감 그리고 다양한 관점을 포용할 수 있는 관용이 필요하다. MC 화법은 노련하고 문제의 핵심을 중심으로 풀어가되 말이 많으면 안 된다. 개인적인 호불호를 드러내면 절대 안 된다.

토크쇼 작가는 게스트를 선정할 때 화제성, 독특한 라이프 스타일, 시청자가 궁금해하는 인물인가를 판단한 인물을 섭외한다. 대본을 집필할 때 ① 주제를 명확히 한다. ② 이야기 순서를 정한다. ③ 대안이나 해결방안 도출하는데 반전이 있도록 구성한다. ④ 주인공에게 지나친 수식어를 사용하지 않고, 정치적, 종교적, 지역적 논쟁은 하지 않는다.

- **퀴즈쇼**: 상식과 정보를 주는 퀴즈와 재미를 주는 난센스 퀴즈가 있다. 퀴즈쇼는 시청자 참여의 장을 마련하고, 정보 전달 기능과 오락 및 여가 기능이 있다. 퀴즈쇼의 형태는 전통적인 퀴즈쇼(엘리트 한 명을 찾아내는 과정)와 변형된 퀴즈쇼(진짜를 찾아내는 것)가 있다.

퀴즈쇼를 구성할 때는 차별화가 중요하다. 마이너스 점수제, 보너스 점수제로 점수가 팽팽이 유지되도록 하여 긴장감을 준다. 문제를 영상을 통해 출제하여 시각적인 요소를 넣어서 시청자들이 지루하지 않게 한다.

퀴즈 프로그램은 도전의식을 키워 주기 위해 쉬울 것 같지만 쉽지만은 않은 경계에서 문제를 출제하는데 출제는 전문 출제자가 맡는다. 퀴즈 프로그램은 예심을 통해 호감도가 있고 언변이 좋은 사람 가운데 연령대, 실력자, 사연이 있는 사람, 재미를 줄 수 있는 사람 등 다양한 인물로 선정한다.

- **가요쇼**: 음반에서 음원의 시대로 바뀌면서 언제든지 원하는 노래를 들을 수 있고, 음악전문 케이블방송을 통해 뮤직 비디오를 보기 때문에 순수한 가요쇼는 쇠퇴하였다. 요즘은 음악예능으로 1세대는 오디션형, 2세대는 경연형, 3세대는 게임형, 4세형은 컬래버형으로 다양한 방식과 포맷에 디테일이 보태지고 있다.

음악예능의 첫 번째 장치는 대결 구도를 짜고, 두 번째 장치는 긴장감을 주면서 대조 효과(contrast effect)를 주어야 한다. 그럼에도 가요쇼 작가는 주제별, 가수별, 계절별, 감정별, 제목별로 가요를 분류하고, 음악사조, 작곡가, 작사가, 연주자, 백댄서 등 다양한 정보를 습득해야 한다.

 – **연예정보 프로그램**: 가십(gossip, 소문)으로 취급하지 않고 저널리즘에 입각하여 분석한다. 독점·특종이 생명이고, 작가의 순발력과 취재력 그리고 PD의 현장 장악력이 필요하다. 작가는 형평성과 객관성을 유지하고, 추측성 멘트를 해서는 안 된다.

2) TV 프로그램 제작

(1) 프로그램의 기획

 PD(Producer & Director)는 프로그램 기획 연출자로 프로듀싱, 기획, 관리, 디렉팅, 취재, 연출 등의 업무를 맡는다. 프로듀서 역할은 최고의 스태프를 구성하고, 최고의 프로그램을 만들 수 있도록 관리하는 것이며, 디렉터 역할은 프로그램 제작 능력 즉 프로그램 메이킹(making) 능력과 어떻게 다른 카테고리로 묶어 새롭게 제작하는가를 알아야 한다.

 작가는 이런 PD 역할을 함께할 뿐만 아니라 아이템을 잡고 취재와 섭외를 한다. 작가는 촬영 구성안, 촬영, 프리뷰, 편집 구성안(편집 콘티), 가편집(선택과 집중), 종합편집(자막, 효과), 원고 집필, 더빙, 음악 믹싱 작업까지 모든 과정에 참여한다.

 예전에는 PD들이 하던 역할을 그 분야 전문가에게 맡기는 경향이 있다. 즉 프로그램 제안 공모에 적합한 기획안을 만들기 위해 기획 전문 작가에게 의뢰한다. 차별화 전략, 참신한 틀, 전혀 다른 구성 요소 등을 찾기 위해서이다.

 드라마의 경우 극본 크리에이팅은 극본의 기획, 집필작가 선정, 수정 보완 지시 등 극본 완성에 필요한 업무로 이 분야 역시 전문가가 있다.

- **기획 회의**: '발상은 자유롭게 기획안은 냉철하게'라는 말이 있다. 기획 회의를 할 때는 제작비, 제작 기간, 제작 능력 등을 따져 봐야 한다. 결국 현실적인가를 살펴보는 것이다.

- **기획안의 구성 요소**: 타이틀 정하기(간판부터 잘 올려야 한다), 프로그램 형식과 방송 시간 정하기(시청층을 고려하라), 단순구성물은 ST(Studio), 종합 구성물은 ST+VCR, 다큐멘터리는 ALL ENG로 구성한다.

- **기획의도 쓰기**: 참신성과 현실성을 바탕으로 '무엇을 말할 것인가?'로 '무엇을 통하여 무엇을 보여 주고자 한다.'가 핵심 문장이 되어야 한다. 내용은 기획 배경(opening fact), 배경을 뒷받침해 주는 데이터 제시(당위성, 신뢰도), 구체화할 내용을 적시하면서 주제를 부각시킨다.

- **제작방향 잡기**: 세상의 모든 프로그램은 새로워야 한다. 이 프로그램은 다른 프로그램과 달리 새롭게 만들 수 있다는 방법론을 기술한다. 프로그램의 포맷, 즉 어떤 장치를 통해 어떤 영상적 시도를 할 것인지 그리고 다양한 효과들을 어떻게 활용할 것인지 구체화시킨다.

- **구성내용 정리하기**: '보여 주고자 하는 사실이 무엇인가'와 '어떻게 배치할 것인가'를 정하고, 소제목을 단다. 코너(꼭지)를 5개 정도로 구성한 후 큐시트(cue sheet)를 만든다.

새로운가, 재미있나, 감동적인가로 소구 포인트(appeal point)를 만들고, 몰입과 이탈을 적절히 분배한다. 그리고 예상 아이템 목록을 제시하여 6개월 이상 지속 가능함을 밝혀야 한다.

- **기대 효과**: 시청자와의 소통을 기본으로 다른 방송 코너로 활용 가능한지,

인터넷 동영상과 전문 채널, 세계 시장으로의 확장성에 대해 설명한다.

(2) 프로그램 유형별 제작 과정
가. 다큐멘터리

다큐멘터리(Documentary)는 기록이다. 제1차 세계대전(1914~1918) 전쟁 기록으로 출발하여 1922년 발표된 무성영화 〈북극의 나누크, Nanook of the North〉가 최초의 다큐멘터리 영화이다. 영화 제작자이자 탐험가 로버트 플래허티(Robert Flaherty)가 1915년 북극에 가서 16개월 동안 촬영을 하였는데 〈북극의 나누크〉는 북극 사람들의 일상을 생생하게 보여 주어 대성공을 거두었다. 그후 1930년대 기록영화운동이 일어나서 다큐멘터리의 가치를 대중들이 공감하게 되었다.

다큐멘터리의 특징은 재가공된 새로운 사실의 창작으로 창조적 작업이다. 그래서 다큐멘터리 운동의 개척자 존 그리어슨(John Grierson)은 다큐란 현실을 창조적으로 다룬 것이라고 하였다.

○ 다큐멘터리 제작 과정

- **아이템**: 주제를 부각시킬 수 있는 소재를 정하고, 자료 조사로 작업을 시작한다. 뭘 얘기할 것인가(신선도), 뭘 촬영할 수 있는가(현실성)를 갖고 소구 포인트로 1차는 갈등, 웃음, 정보, 흥미 그리고 2차는 동정심, 향수, 탐욕, 신뢰성, 중요성, 아름다움, 신기함을 찾는다.

- **취재**: 무엇을 취재할 것인가(fact에 근거), 누구를 만나 어떤 영상을 볼 수 있고 어떤 상황을 연출할 수 있는지, 풀지 못한 문제의 해결책을 찾거나, 방향 선회의 물꼬를 발견하는 단계이다.

- **섭외**: 마감일(DeadLine)을 정하고, 시청자에게 전달하고 싶은 것이 무엇인지 진심과 소명의식을 갖고 접근한다. 섭외를 할 때 집요함이 필요하다. 최선을 다 하고 차선을 생각한다. 신중하게 지킬 수 있는 약속만 한다.

- **촬영구성안**: 하나의 상상 그림을 그리고 논리적으로 구성한다.

- **촬영**: 촬영 협조가 잘 돼야 촬영 내용이 풍부해진다.

- **프리뷰(pre-view)**: 미리 봄을 통해 편집 콘티를 짠다. 비디오 부분(영상)과 오디오 부분(현장음)으로 나누어 기록한다.

- **편집 구성안(콘티)**: 가장 많은 시간을 투자하게 된다. 이야기를 만들어 가는 축으로 어떤 것을 어떻게 배치할 것인지 고민해야 하기 때문이다. 신(scene) 분류(내용 요약, 파일 번호)를 하고, scene 배치를 한 후 scene에 상황과 현장음을 표시한다. 작가는 스토리 구조를 만드는 영상과 현장음 및 내레이션을 구성한다.

- **편집**: 분리된 이미지를 연결하여 새로운 이미지를 창조한다. 인써트 샷(insert shot), 콜라쥬 기법 등을 사용하는데 한곳을 보고 있다는 시선 처리가 필요하다. 장소와 상황의 변화에 연속성을 갖도록 해야 한다. 어떤 장면을 살리고 어떤 것은 버릴 것인지를 판단하는 파이널 커팅(final cutting)은 PD와 작가가 함께 의논한다.

- **종합편집**: 책임 프로듀서(CP, chief producer)가 객관성을 갖고 리뷰한다. 종합편집 때 TD(technology director)는 효과, 자막, 컴퓨터 그래픽을 넣고, PI(program identity)로 타이틀 영상의 자막 글씨체 등을 통일된 이미지로 만든다.

- **원고 집필**: 영상글이어야 한다. 처음부터 끝까지 조용히 보고, 10초에 내레이션(narration, NA) 2줄 반 정도의 문장을 쓴다. 어떤 현장음을 살리고 어떤 것은 내레이션으로 대체할 것인지 정한다. 포인트를 잡고(타임 체크), 음악을 넣을 지점을 표시한다. 사일런스(silence, 침묵)도 원고다. 현장음(SOV, sound of voice)은 인터뷰와 효과음으로 살리고 내레이션 사이 사일런스(4~6초)가 필요하다.

화면으로 나오는 내용을 중계방송하듯이 쓰는 원고는 필요 없다. 원고의 역할은 상황 설명, 정보 전달, 정보의 재해석 및 의미 부여이다. 인물에 대한 감정이입으로 과도한 미사여구는 거부감을 주기 때문에 감정의 절제가 필요하다. 시청자는 문장을 귀로 듣기 때문에 시적인 운율이 살아 있는 원고로 짧게 표현한다. 단문에는 확실히 힘이 있다.

현장음과 인터뷰는 원고의 일부로 리드 멘트(lead ment)는 자연스럽게 이해할 수 있도록 하는 것이고, 프롤로그와 에필로그에 힘을 실어야 한다. 다큐멘터리는 처음 10분이 중요하다. 주제를 가장 극명하게 나타낼 수 있는 함축적인 장면(scene)과 현장감이나 영상미가 탁월한 장면을 앞부분에 배치한다. 에필로그는 주제를 되새기며 여지를 남기는 것이 좋다.

- **더빙·믹싱**: 음악감독은 영상을 보면서 음악을 그린다. PD가 음악 콘티를 짜 주면 그 분위기에 맞는 선곡 또는 작곡·편곡으로 음악을 만든다.

○ **분야별 다큐멘터리의 종류**

- **탐사 다큐멘터리**: 탐사는 PD 저널리즘의 산실이다. 저널리즘은 사회구조 속에서 소외되는 환경과 사람들을 찾아내어 사회의 문제를 해결하는 것으로 정의 구현이 대명제이다.

탐사는 무엇이 궁금한가라는 질문에서 기사를 심화시키며 아이템을 발굴한다. 탐사는 법적인 문제가 발생할 수 있다는 것을 항상 염두하고 있어야 한다. 부풀려지거나 왜곡되지는 않았는지, 방송을 통해 피해를 보는 사람은 없는지 (선의의 피해자까지 고려), 선정성 논란은 없는지, 취재 동의를 받았는지 최악의 경우 방송금지가처분에 휘말리지 않도록 미리 단속을 해야 한다.

진실의 알 권리에 대한 욕구가 강해야 장수한다. 그래서 프로듀서들이 직접 리포팅하여 신뢰도를 높인다. 탐사 촬영에는 위험이 따른다는 것을 유념해야 한다.

집필은 취재물 원고와 스튜디오 원고가 있는데 미스터리 형식으로 문제를 제기하면서 그 답을 찾아간다.

- **기획 다큐멘터리**: 하나의 주제를 정하고 그것을 일관된 논리로 풀어가는 정통의 서사적 구조이다. 소재 발굴 후 가설을 세우고 현장과 사례를 통해 사

실에 근거하여 검증하는 탐구를 하는데 새로워야 하기에 새로운 큰 틀을 만든다. 그리고 이미지(애니메이션, 컴퓨터 그래픽, 그림 등)나 사실을 재연한다.

원고는 가장 담담하게 사실을 전달하고 호기심과 의문 그리고 그것의 탐구와 결론에 이르는 과정을 거치면서 또 다른 문제를 제기하고 풀어가는 과정이다. 먼저 내레이터를 정하고 음색과 톤을 생각하며 원고를 쓴다.

– 휴먼 다큐멘터리: 영원한 인기 코드로 사람들의 삶을 통해 자신의 삶을 반추하게 한다. 휴먼 다큐는 캐릭터로 승부를 거는데 이슈(issue), 친근함, 현재성을 갖추어야 한다. 휴먼 다큐를 촬영할 때는 너무 멀지도 너무 가깝지도 않은 시선으로 시청자들이 함께 있다는 느낌이 들게 한다. 6mm 소형 디지털 카메라 보급으로 밀착 촬영이 가능하다. 촬영 스태프를 PD와 카메라 감독으로 최소한으로 구성한다.

휴먼 다큐는 갈등을 포착하는 것이 중요하고, 신(scene) 특성을 포착하여 스토리로 만드는데 갈등을 구조화하여 심화, 해소되는 과정을 일상의 그릇에 담는다.

원고는 그 사람 마음속 이야기를 글로 담아야 한다. 제3자적인 시선을 잃지 않는 거리에서 정보 전달에 충실하고, 현장음을 충분히 살리면서 흐름이 깨지지 않게 메시지를 전한다.

– 역사 다큐멘터리: 역사는 재연 다큐멘터리이다. 역사적 사실의 전달에서 재해석으로 진화하였다. 역사적 사실에 대한 선택과 해석이 중요하고 학문적 대립에 대해 기획의도와 가장 부합한 사실은 무엇이며, 그것을 입증할 논리와 증거는 무엇인가를 찾아야 한다. 그래서 전문 분야 학자들에게 논리와 자료를 지원받는다.

역사물은 현재성을 가진 현장이 없다. 유물과 문헌자료가 전부이다. 사실과 함께 상상력으로 당시의 상황을 현재화하는 다양한 영상적 시도가 필요하다.

컴퓨터 그래픽으로 역사적 사료를 바탕으로 현실에 없는 유물이나 유적을 복원하고, 화재로 소실된 문화재를 표현할 때는 사실감을 살리기 위해 모형을 만들어 불을 내어 실사와 접목한다.

사실적 드라마를 구성하기도 하는데 대사 없는 이미지 재연(강하고 인상적인 영상)을 역사적 사료와 관계자 인터뷰를 붙여서 리얼리티를 살린다. 기술의 발달로 사회자가 가상 스튜디오(virtual studio)에서 진행하여 다양한 역사적 자료를 제공하고 있다.

원고 집필은 촬영 후 변화가 적은 편이지만 역사적 식견이 풍부해야 실수를 하지 않는다.

- **자연 다큐멘터리**: 인간이 자연과 공존할 수 있는 새로운 세계관을 모색하고 동식물을 관찰하며 이해하는 과정이다. 사회 현안을 저널리즘 시선으로 분석하는 시사환경 다큐, 자연과 환경을 소재로 과학적으로 분석하는 환경과학 다큐, 자연 현상의 관찰을 통하여 자연 생태의 이치를 탐구하는 환경생태 다큐가 있다.

자연 다큐는 시간과의 싸움이다. 전문적인 지식 습득과 치밀한 기획이 필요하다.

1990년대 자연 다큐가 본격화되었는데 방송기재의 디지털화로 자연 다큐가 활발해졌다. 망원렌즈(줌), 접사렌즈(포커스 거리 0.7mm까지 줄일 수 있다), 적외선 렌즈(야간 촬영, 녹색의 모노톤), 현미경 촬영(20배~1천 배 확대), 수중촬영(방수처리), 내시경 카메라, 이노비전 렌즈(고급) 등 다양한 특수 카메라가 있다.

자연 다큐 연출은 대상물에게 어떠한 형태의 피해도 주지 않아야 하며, 연출로 인해 생태의 왜곡이 있어서도 안 된다. 영상에 자연에 대한 제작자의 애정과 세계관이 그대로 묻어난다.

원고는 많은 내용을 전달하는 대신 시청자가 충분히 관찰할 수 있는 시간을 주도록 집필한다.

나. 시사탐사 프로그램

시사프로를 기획할 때는 6하 원칙에 근거하여 다음과 같은 고민을 해야 한다.

what: 무엇을 방송할 것인가?

why: 프로그램 기획에서 'what', 즉 무엇을 방송할 것인가에 대한 근거를 제공하는 요소가 why이다.

when: 기획 단계에서 what과 why의 문제를 푸는 것이 항상 고민거리이지만 이 what과 why에 직접적인 영향을 주는 요소는 바로 when이다.

who: 일일 프로그램의 경우 who는 what과 why가 결정된 다음 그 what과 why를 채우는 내용이 된다.

where: what과 why의 효과를 극대화시키기 위한 방법의 문제이다

how: 기획 단계에서 how는 구체적인 제작 형태에 관한 문제이다.

시사프로의 아이템 선정 기준은 시의성, 공정성, 정확성, 형평성, 화제성을 생각하고, 출연자를 결정할 때는 지명도, 전문성, 호감도를 봐야 한다. 시사프로는 섭외가 반인데 어려운 만큼 섭외의 요령이 필요하다. 섭외 요령은 방송뿐만이 아니라 사회생활에서 꼭 필요한 만큼 자세히 소개하면 다음과 같다.

① 미리 포기하지 말라. ② 최상의 연사에 대한 고정관념을 버려라. ③ 섭외자의 첫마디가 오케이를 결정한다(상대방에 대한 관심 표현과 칭찬으로 시작하라). ④ 끈기를 가져라. ⑤ 배짱도 필요하다. ⑥ 상대방을 충분히 배려하며 진심으로 대한다.

시사프로 방식은 직설(Straight Talk), 대담, 인터뷰, 토론이 있고, 인터뷰를 할

때는 먼저 상대방의 말을 듣고, 말의 고삐를 풀어야 한다. 논리와 유머로 거북하지 않고 자연스럽게 흘러가도록 한다. 인터뷰 요령은 다음과 같다.

- 예, 아니오란 답변이 나올 수 있는 질문은 하지 않는다.
- 뻔한 질문이나 모호한 질문은 하지 않는다.
- 출연자가 얘기를 꺼려하는 질문을 주저하지 않는다.
- 출연자에 대해 중립적인 입장을 지킨다.
- 주제에서 벗어나지 않는다.
- 시청자 입장에서 인터뷰를 진행한다: 시청취자는 모른다는 전제하에 질문을 해야 한다.
- 중요도 순서로 질문한다.
- 질문은 짧아야 한다.
- 질문은 구체적이어야 한다.
- 질문 속에 답이 있어서는 안 된다.

시사프로는 MC의 역할이 크다. MC는 남의 말을 잘 들어야 할 뿐 아니라 남이 말을 잘 하게 해야 하며, 상대방의 대답에 적절한 코멘트가 있어야 한다. 또한 시사프로는 생방송으로 진행하는데 인터뷰를 늘릴 땐 늘리고, 줄일 땐 줄이는 시간 조절 능력이 요구된다.

생방송은 부조정실(부조)에서 PD가 카메라 커팅, 오디오, 비디오, 진행사항을 지시한다. 보다 빨리 새로운 정보를 전달하고, 스튜디오에서 현장성이 강조된 분위기를 조성하고, 방송 중 시청자 의견을 수렴하는 경우도 있다. 시사프로도 고정 형식의 틀에서 벗어나 화제의 현장에서 진행하기도 한다.

탐사 프로그램의 아이템은 시의성이 가장 중요하고 영상 확보 문제와 명예훼손 등 법적, 윤리적 문제를 고려해야 한다. 아이템 유형은 개별 사건 및 개인의 비리 고발, 사회구조적인 문제 진단, 사회현상과 세태 진단이 있다.

구성은 연역적 구성으로 실태를 던져 주고 원인과 진상을 밝혀 나가는 형식이 효과적이고, 객관성, 공정성을 위해 증거자료, 반론권을 부여해야 한다. 사실성을 드러내기 위해 연출자가 찾아가는 장면, 재연, 실험, 함정 취재를 할 수 있다. 영상 부족을 극복하기 위해 CG(컴퓨터 그래픽)를 활용하여 자료를 보완한다. 모자이크 화면은 짧게 사용하고 카메라 앵글을 다양하게 구사하여 지루함을 줄인다.

작가가 대본을 작성할 때는 자료와 취재를 통해서 정확성을 기하고, 주관적으로 추정하거나 단정하는 표현을 삼간다. 인용한 부분과 제작진의 의견을 반드시 구분해서 표현한다. 특수한 경우를 근거 없이 일반화해서는 안 된다. 또한 신원을 보호해 주어야 하는 경우, 인명과 표현에 유의한다.

시사탐사 프로그램 메인 작가는 스튜디오 원고를 작성하고, 코너 작가의 원고를 취합하여 전체를 완성한다.

다. 스토리텔링

스토리텔링은 스토리 즉 이야기에 신념, 가치, 의미를 담아 전달하는 행위로 스토리텔링은 더 이상 '읽는 것'이 아니라 '듣는 것'이고, 시각뿐만이 아니라 온몸으로 듣는 것이다. 스토리텔링은 정서와 감정에 충실하고, 스토리텔링은 구전문화의 부활이다.

스토리텔러는 이야기를 하는 사람으로 이야기를 잘 하는 사람일수록 얼굴에는 표정이 있고, 목소리에는 감정이 담겨 있다. 유능한 스토리텔러는 스토리텔링에 몰입하게 만든다.

스토리텔링은 대중 콘텐츠의 상업성이 자본주의 체제에서 시장의 논리에 영합한 결과라고 비판하기도 하지만 이야기는 이제 학자나 평론가가 주도하는 것이 아니라 일반 대중들이 이끌어 간다. 디지털 다매체의 상황은 스토리콘텐츠의 소비와 평가를 온전히 대중에게 넘겨주었다.

그래서 스토리텔링은 치유의 관점에서 문화콘텐츠에 접근하는 경향이 강해지고 있고, 스토리 라인의 구성은 치유의 관점을 넘어서 긍정의 심리학으로 진화하였으며 스토리텔링은 이완과 여유를 통해 새로운 인생의 동력을 생성한다.

 스토리텔러의 유형은 자기 이야기를 자기가 하는 직접 스토리텔링, 남의 이야기를 사례를 들어 전하는 간접 스토리텔링, 이야기를 만들어 내는 창작 스토리텔링이 있다.
 요즘은 스토리텔링으로 공연하는 스토리텔링 콘서트가 주류이며, TED(Technology Entertainment Design)로 정보 전달을 하면서 강의를 하는 엘리트 강연을 선호한다.
 스토리텔링이 디지털 시대에 부각된 이유는 바로 디지털 미디어를 통해 수많은 사람들에게 말하듯이 직접적으로 소통할 수 있는 창구가 열렸기 때문이다.
 스토리텔링 문화는 경청의 문화를 반영하고, 누구나 연사가 될 수 있다는 대중민주주의가 실현되고, 소통과 치유의 방향성이 형성된다. 스토리텔링은 다른 영역과 결합되어 무한한 가능성이 창출되는 것이다.

 라디오 프로그램의 스토리텔링은 MBC 〈여성시대〉, KBS2라디오 〈안녕하세요? 노주현 왕영은입니다〉, SBS 라디오 〈손숙, 김범수의 아름다운 세상〉, SBS 〈두시 탈출 컬투쇼〉가 큰 인기를 끌었고, TV 프로그램의 스토리텔링은 토크쇼로 KBS2TV 〈자니윤 쇼〉, MBC 〈유재석 김원희의 놀러와〉, SBS 〈강심장〉을 들 수 있고, 음악 프로그램으로 KBS 〈노영심의 작은 음악회〉가 큰 인기를 모았다.

라. 방송 캠페인
 각 방송사의 캠페인 주제 선정이 지극히 추상적이고, 원론적인 내용이 많아서 구체성이나 방향성을 상실하였다. 가치관이나 행동의 변화를 위한 이론적 틀이 미비한 채로 '구호 외치기'에 급급하였다. 방송사들이 상호 협력하여 주제를 선정하고 해결방식에 일관성을 가져야 캠페인에 소구력이 있다.

캠페인 프로그램이 시청자에 전달되고 그 내용에 대한 공감대를 확산하려면 다양한 캠페인 주제와 추구 가치가 있어야 하고, 바람직한 가치나 행동을 제시하는 방법을 찾아야 한다. 주제는 공익성이 있는 사회적 행동이나 가치를 전달하는 내용으로 방송 프로그램 전반에 걸친 포맷이 캠페인 프로그램의 전달매체로 부상하는 것이 좋다.

가정, 학교, 직장을 중심으로 우리가 버려야 할 구태를 찾아내고, 국제화 시대의 진취적 인간상을 제시하면서, 고유문화를 오늘날로 연계시키는 노력이 필요하다.

무엇보다 시청률이 높은 시간대에 캠페인 프로그램을 방영해서 많은 사람들이 볼 수 있도록 해야 캠페인 효과를 높일 수 있다.

제4장

지식재산권 이해

뉴미디어 시대의
**창작과
지식재산권**

1. 지식재산권 기초 상식

"뭐 좋은 아이디어 있으면 갖고 와 봐."

상사가 이렇게 주문을 하여 열심히 아이디어를 냈는데 한참 후에 그 아이디어가 상사의 아이디어가 되어 있는 경우가 많다. 이것은 도둑질이다. 아이디어는 아이디어를 낸 사람의 것이기에 창작자에 대한 저작권을 인정해야 한다.

그래서 방송사에서는 1회를 기획 개발한 creative director가 포맷의 저작권 일부를 갖는다. 이는 originality의 중요성 때문이다. 그래서 저작권을 영어로 copyright라고 하는 것이다. 원작자에게 권한이 있으니 복제할 생각을 하지 말라는 의미이다.

저작권을 비롯하여 다양한 지적인 노력에 의해 창작된 지식재산에 대한 권리를 규정한 「지식재산기본법」이 2011년에 제정되어 그동안 사용되던 지적재산이란 용어가 지식재산으로 변경되었고, 2018년에 9월 4일을 '지식재산의 날'로 제정할 정도로 지식재산권은 중요한 국민적 권리가 되었다. 지식재산을 영어로 Intellectual Property로 표기하기에 줄여서 IP라고 한다.

앞으로의 사회는 지식재산이 부(富)의 원천이 될 것으로 예상하기에 지식재산권에 대한 기초적인 상식을 갖고 있어야 한다.

1) 지식재산권 개요

인간이 가지고 있는 권리는 공적인 권리(公權)와 사적인 권리(私權)가 있다. 공적인 권리는 교육권, 노동권, 참정권 등 국민 모두가 누리는 권리이고, 사적인 권리는 물건과 채권(행위) 등 눈에 보이는 것의 소유권을 가지는 재산권과 지식에 기반하여 눈에 보이지 않는 무체재산권이 있는데 바로 이 무체재산권(無體財産權)이 지식재산권이다.

인간은 창조적 노력으로 새로운 물건을 만든다. 새롭다는 것은 가치가 있다. 그래서 고대 그리스에서 특별한 요리를 만든 요리사에게 1년간 독점권을 주었는데 이것에서 지식재산권이 시작되었다고 볼 수 있다. 그러다 1474년 베네치아에서 신규성, 유용성, 실행가능성 발명에 10년 독점적 권리를 부여한 것이 본격적인 지식재산권 행사이다. 그 후 1641년 미국에서 소금을 만드는 제염 방법에 특허를 부여하였고, 1790년 미국 연방특허법이 제정되었다.

이 특허법은 2011년 선(先)출원주의로 바뀌었다. 이전까지는 선(先)발명주의로 발명품이 완성된 후에야 특허를 받을 수 있었는데 아이디어가 지식재산이 되어야 한다는 개념으로 아이디어 단계에서도 출원 등록이 가능한 선(先)출원주의가 되었다. 그리고 발명품뿐만이 아니라 지적생산물 전체로 지식재산이 확대되었다.

특허로 독점배타적 권리를 획득하게 된다. 특허청에 특허를 신청하려면 '출원인코드부여신청'을 한 후 철저한 심사를 거쳐 등록 조건에 부합하면 등록이 결정된다. 특허출원의 공개는 특허출원일로부터 1년 6개월이 경과하면 출원인의 의사와 관계없이 이루어진다. 특허보호는 기술 복제가 용이하고, 타인과 경쟁 관계에 있고, 라이프사이클이 특허 획득 기간에 비해 긴 경우에 유리하고, 영업비밀은 이와 반대 경우에 유리하다.

저작권은 저작물의 창작과 동시에 발생하지만 역시 저작권 등록을 해야 보호를 받을 수 있다. 저작권 등록은 저작권등록신청서, 저작물명세서를 작성하여 저작권심의조정위원회(www.cros.or.kr)에 제출하면 된다.

2) 지식재산권 종류

(1) 산업재산권

- **특허권**: 특허된 발명을 업(業)으로서 실시할 권리(실시권)로 물건 또는 방법이 해당된다. 특허출원 후 20년 동안 특허권이 유지된다.

- **실용신안권**: 자연법칙을 이용한 기술적 사상의 창안인 고안 가운데 산업상 이용 가능한 것으로 물건이 해당된다. 특허출원 후 10년 동안 특허권이 유지된다.

- **디자인권**: 물건의 형상, 모양, 색채를 통해 미감(美感)을 일으키는 것으로 글씨체도 포함된다. 특허출원 후 20년 동안 특허권이 유지된다. 기본 디자인과 유사한 디자인은 1년 이내에는 등록이 가능하다.

- **상표권**:

① 상표-상품의 표장, 소리와 냄새도 포함되며 입체상표(KFC, 코카콜라병)도 있다.

② 단체표장-단체의 로고 등

③ 증명표장-상품의 품질, 원산지, 생산방법 또는 그 밖의 특성을 충족한다는 것을 증명하기 위해 사용하는 표장, 우리나라는 국가통합인증마크 등이 있다.

④ 업무표장-비영리를 목적으로 정부나 지자체 주도의 사업 명칭이나 박람회, 캠페인 명칭 등을 업무표장으로 등록할 수 있다.

(2) 저작권

- **저작인격권**: 양도하거나 이전할 수 없는 일신(一身) 전속적인 권리

① 공표권-저작물 공표 여부를 결정할 권리, 일반 공중에게 공개 또는 저작물을 발행하여 배포할 권리

② 성명표시권-실명 혹은 예명으로 표기를 결정할 권리

③ 동일성유지권-임의로 변경 안 됨

저작인격권은 저작자의 사망과 동시에 소멸되지만 사후에도 저작자의 명예를 훼손하는 것은 금지되어 있다.

- **저작재산권**: 복제권, 공연권, 방송권, 전송권(방송권과 전송권을 합하여 공중송수신권), 전시권, 배포권, 대여권, 2차적 저작물 작성권(원저작물을 번역, 편곡, 변형, 각색, 영상제작 등으로 작성한 창작물), 생존 시와 사망 후 70년 동안 존속한다.

- **저작인접권**: 저작물에 관한 실연, 음반, 방송이며, 실연자는 저작인격권으로 성명표시권, 동일성유지권과 저작재산권의 복제권, 공연권, 방송권, 전송권, 배포권, 대여권을 갖는다. 음반제작자는 복제권, 전송권, 배포권, 대여권이 있고, 방송사업자는 복제권, 공연권, 동시중계방송권이 있으며, 저작인접권은 실연·음반 발행 후 70년 동안, 방송 후 50년 동안 보호되는 것을 원칙으로 한다.

(3) 신지식재산권(기타 지식재산권)

과학기술의 급속한 발달과 사회 여건의 변화로 컴퓨터 프로그램(저작권, 특허권), 반도체 배치설계, 데이터베이스, 캐릭터(저작권), 프랜차이징, 지리적 표시, 인터넷 도메인 네임, 전자상거래 기술, 화상디자인(스마트폰 등 정보화기기 화면의 아이콘), 영업비밀이 있다.

영업비밀은 공공연히 알려져 있지 않고, 독립된 경제적 가치를 가지는 것으로서, 비밀로 관리된 것으로 영업비밀 침해행위는 부정취득 행위, 부정공개 행위로 이런 침해를 당했을 때 금지청구권, 손해배상청구권, 신용회복청구권을 행사할 수 있다.

지식재산권과 관련 업무를 하는 단체 및 기관은 국가지식재산위원회, 국제지식재산연수원, 한국발명진흥회, 한국저작권위원회, 한국지식재산연구원 등이 있다.

3) 지식재산 관련 법률

○ 지식재산기본법(2011)

제1조(목적) 이 법은 지식재산의 창출·보호 및 활용을 촉진하고 그 기반을 조성하기 위한 정부의 기본 정책과 추진 체계를 마련하여 우리 사회에서 지식재산의 가치가 최대한 발휘될 수 있도록 함으로써 국가의 경제·사회 및 문화 등의 발전과 국민의 삶의 질 향상에 이바지하는 것을 목적으로 한다.

○ 저작권법(1957)

제1조(목적) 이 법은 저작자의 권리와 이에 인접하는 권리를 보호하고 저작물의 공정한 이용을 도모함으로써 문화 및 관련 산업의 향상 발전에 이바지함을 목적으로 한다.

제2조(정의)

1. "저작물"은 인간의 사상 또는 감정을 표현한 창작물을 말한다.

2. "저작자"는 저작물을 창작한 자를 말한다.

– "공연"은 저작물 또는 실연·음반·방송을 상연·연주·가창·구연·낭독·상영·재생 그 밖의 방법으로 공중에게 공개하는 것

– "실연자"는 저작물을 연기·무용·연주·가창·구연·낭독 그 밖의 예능적 방법으로 표현하거나 저작물이 아닌 것을 이와 유사한 방법으로 표현하는 실연을 하는 자를 말하며, 실연을 지휘, 연출 또는 감독하는 자를 포함한다.

– "음반"은 음(음성·음향)이 유형물에 고정된 것(음을 디지털화한 것 포함)을 말한다. 다만, 음이 영상과 함께 고정된 것을 제외한다.

– "영상저작물"은 연속적인 영상이 수록된 창작물로서 그 영상을 기계 또는 전자장치에 의하여 재생하여 봄

21. "공동저작물"은 2인 이상이 공동으로 창작한 저작물로서 각자의 이바지한 부분을 분리하여 이용할 수 없는 것을 말한다.

　- "복제"는 인쇄·사진촬영·복사·녹음·녹화 다시 제작하는 것을 말하며, 건축물의 경우는 그 건축을 위한 모형 또는 설계도서에 따라 이를 시공하는 것

　- "배포"는 저작물 등의 원본 또는 그 복제물을 공중에게 대가를 받거나 받지 아니하고 양도 또는 대여

　- "발행"은 저작물 또는 음반을 공중의 수요를 충족시키기 위하여 복제·배포하는 것

　- "공표"는 저작물을 공연, 공중송신, 전시 공중에게 공개하는 경우와 저작물을 발행하는 경우

　공연 장르는 저작물이 아니다. 저작물이 되면 개발자 이외는 아무도 유사한 공연을 할 수 없는 저작권 역설(copyright paradox)에 빠지기 때문이다. 뮤지컬은 결합저작물인데 연극 대본으로 공연을 올렸을 때 공연물이 대본의 2차적 저작물은 아니다.

4) 지식재산권 응용
　- **음악저작권**: 장애인 인권영화를 제작하면서 영화 주제가로 〈여행을 떠나요〉를 사용하기 위해 사용허가를 받는 과정에서 작곡가는 사용을 허락했지만 작사가가 동의하지 않아서 영화 주제곡을 노래가 빠진 연주만 사용하여 분위기를 살리지 못한 사례도 있다.

　- **저작재산권(복제권, 공연권)**: 영화제작사가 음악저작권협회에 영화에 사용하는 모든 곡에 대한 지식재산권 사용료를 계산하고 개별 작곡가에게 곡별로 다시 사용료를 주는 것이 관례가 되었다. 작곡가는 자신의 곡을 음악저작권협회에 맡긴 것 즉 신탁을 한 것이기에 원래는 작곡가에게 곡별 사용료를 다시

줄 필요는 없지만 영화제작사가 음악저작권협회에 사용료를 줄 때는 사용하지 않더라도 한꺼번에 구입을 하기 때문에 작곡가에게 돌아가는 사용료가 많지 않아서 별로로 사용료를 지급하는 관행이 생겼다.

- **저작인격권**: 저작자의 인격적 측면을 반영하는 권리 즉 저작자의 영혼에 상처를 받았을 때 주장하는 권리로 이것은 신탁 대상이 아니다. 저작인격권의 지분권으로 공표권, 성명표시권, 동일성 유지권(발라드를 좀비 영화에 사용하고자 과도하게 편곡하면 안 됨)이 있다.

작가는 자신의 창작물을 활발하게 이용해 주기를 바라는 소망으로 창작을 하기 때문에 많은 사람들이 이용하는 것에 대해 관대할 필요는 있다. 장애인 인권영화의 주제가 〈여행을 떠나요〉 사례처럼 작사가가 사용을 허락하지 않아서 노래가 빠진 상태의 주제가로 김을 빼는 야박한 주장은 생기지 않았으면 한다.

○ **지식재산의 전망**

4차 산업혁명과 코로나19 팬데믹으로 지식재산권(Intellectual Property)의 중요성이 상승하고 있다. IT·바이오 등 기술 기반 산업부터 기존 제조업, 금융업, 물류 분야에 이르기까지 인공지능·빅데이터·로봇·사물인터넷·나노 등의 지식 역량이 사업의 성패를 가름한다.

그리고 아트, 엔터테인먼트, 스포츠 등의 영역에서도 비즈니스 성격이 심화되면서 지식재산권이 첨예한 이슈로 등장하였고, 전통예술 장르의 공연·전시가 첨단 기술을 기반으로 새로운 국면에 접어들었으며, 유튜브 등을 중심으로 한 1인 미디어 슈퍼스타들이 엔터테인먼트의 선두에 서서 거액의 저작권 수입을 올리고 있다. 스포츠도 방송중계권과 스폰서십 등을 바탕으로 한 엄청난 시장이 형성됐고, 온라인 게임이 새로운 산업을 형성하였다.

앞으로 지식재산권을 기반으로 하는 기업들이 떠오르며 창작자들이 고수익을 올리면서 세련된 문화가 창출될 전망이다.

○ **지식재산 시대의 인재**

지식재산 관련 교육과정으로 대학교에 지식재산학과가 설치된 곳이 있다. 지식재산 전문가는 법학, 공학, 경제학, 경영학 등을 전공하고 지식재산능력시험을 통해 자격증을 획득해도 된다.

지식재산능력시험은 특허·실용신안·상표·디자인·저작권 등 지식재산 전 분야에 관한 기본 지식과 실무 능력을 객관적으로 검증할 수 있는 시험으로 특허청 산하 특허전문 공공기관인 한국발명진흥회가 시행한다. 시험 결과에 따라 1급~4급 국가공인 자격증이 나온다.

또한 지식재산권의 전 과정을 대리하거나 감정하고, 관련된 전반적인 사무를 담당하는 전문직으로 변리사가 있는데 한국에서는 1961년에 「변리사법」이 제정되었으며, 1963년부터 변리사 시험제도가 정착되었다. 변리사 시험은 1차 객관식, 2차 주관식 시험으로 치러진다.

변리사 시험에 합격한 사람, 또는 변호사법에 따른 변호사 자격을 가진 사람으로서 대통령령으로 정하는 실무 수습을 마친 사람이 변리사가 된다.

지식재산 전문가는 방송, 음반, 출판 등의 사업을 하는 기업에 취업하여 지식재산과 관련된 업무를 한다. 그런데 일반 기업에서도 지식재산 관련 업무에 대한 필요성이 점점 늘어나고 있다. 또한 지식재산 관련 연구·개발을 전문적으로 하는 기관에 근무할 수 있어서 취업 전망은 밝다.

2. 생성형 AI와 저작권

1) 생성형 AI란

생성형 AI란 텍스트, 이미지, 음악, 영상을 기반으로 사용자가 요구하는 결과물을 생산해 내는 AI로 데이터로부터 콘텐츠나 사물의 주요 특징들을 학습해 원작과 유사하면서도 새롭고 독창적인 결과물을 만들어 낼 수 있도록 알고리즘이 설계되었다.

2023년에 공개한 오픈 AI 챗지피티(ChatGPT)는 전문가처럼 답하고 코드나 그림을 생성한다. 그래서 생성형 AI는 개인 맞춤화된 다양한 콘텐츠와 아이디어를 빠르게 만들 수 있다. 주요 분야는 글쓰기, 이미지 및 비디오 제작, 디자인, 코딩 등으로 고도의 지식과 정보를 필요로 하는 전문 크리에이터 시장으로 확대될 전망이다. 생성형 AI를 통해 콘텐츠 제작에 필요한 비용과 시간을 줄여 생산성과 수익성도 높여 줄 것이다.

○ 생성형 AI 역할

"서울에 거주하고, 지난 1년 동안 작품을 발표한 30대 여성 소설가를 찾아 줘?" 이렇게 명령어를 말하면 바로 그 내용에 맞는 자료를 찾아 주는 것이 생성형 AI의 역할이다. AI는 여행을 가서 무엇을 먹고 어디에서 묵을지 파악할 수는 있지만, 예약하는 등의 실제 행동에는 도움이 되지 못했다. 그런데 생성형 AI는 여행자가 여행 앱 플러그인을 챗GPT에서 활성화하면 실시간 항공권, 호텔, 액티비티, 렌터카 같은 여행 데이터에 기반한 챗GPT와의 대화를 통해 여행 일정을 간편하게 현실화할 수 있다.

모든 기업은 소프트웨어를 이용한 디지털 전환(DX, Digital Transformation)으로 표준화를 통해 생산성과 업무 효율성을 높여 왔는데 '올거나이즈'라는 인지검색 솔루션으로 문서를 빠르고 정확하게 검색해 기업의 업무 자동화를 돕고 있다. 인지검색이란 AI가 스스로 질문을 파악하고 질문에 맞는 정보 값을 찾는 기술이다. 대표적인 솔루션은 자연어 이해(NLU) 기반의 AI 답변봇 '알리(Alli)'이다. 알리는 사전 데이터 처리 작업(데이터 라벨링) 없이 바로 사용할 수 있어서 효율적이다.

그런데 이제는 생성형 AI로 개인도 아주 유능한 비서를 두고 일을 할 수 있게 되었다. 나만을 위한 서비스, 내 상황에 맞는 답변, 내가 원하는 것들을 제공한다는 의미에서 기업의 제품과 서비스 전략은 변화하고 있다. 고도로 발달한 개인화의 욕구에 맞지 않으면 소비자는 그 어떤 것도 구매하지 않을 것이다.

예를 들어 건강한 음식을 제공한다는 미션을 내건 레스토랑 브랜드 '스위트 그린(Sweet Green)'은 앱과 웹사이트를 통해 개인화된 고객의 건강한 습관을 위한 제안을 꾸준히 제공하여 실제 음식 구매와 연결되었다. 향후 로열티 프로그램으로 발전할 것이다.

그리고 온라인 패션 스타일링 서비스를 해 주는 '스티치픽스(stitchfix.com)'는 45억 개의 데이터를 이용해서 일반 고객을 위한 개인화 서비스를 제공하고 있다. 개인화된 추천과 동시에 계절 예측을 하며, 스타일리스트를 위한 전문 서비스도 제공하여 큰 환영을 받고 있다.

○ 공정성 페어(Pair) 프로그램
AI 학습데이터에 인간의 편견이 반영되는 사례가 늘어나면서 AI 개발 단계부터 윤리적 개념으로 설계해야 한다는 것에 많은 사람들이 공감하고 있기에 IBM은 공정성, 설명가능성, 견고성(오류에 대처하는 능력), 투명성으로 편견 없는 알고리즘을 개발하고 있다.

최고의 가치를 인간성으로 설정하고 '인간성을 위한 인공지능(AI for humanity)'이 되기 위해서는 인간의 존엄성 원칙, 사회의 공공선 원칙, 기술의 합목적성 원칙을 지켜야 한다는 것이다.

AI 서비스 품질은 데이터를 얼마나 잘 관리하느냐가 중요하다. 편향성 위험에 늘 적극적으로 대응해야 한다. 학습된 데이터 속 숨어 있는 편향성은 성별, 인종, 나이, 환경, 국적, 장애 등에서 나타나는데 생성형 AI 시스템의 환각(hallucinations) 즉 잘못된 사실에 대해 확고하게 주장하는 응답에 대한 대비가 필요하다.

또한 고객 허락 없이 개인 정보를 공유하는 일은 절대 있어서는 안 되기 때문에 이런 문제를 예방할 수 있는 공정성 페어(Pair) 프로그램을 마련하여야 한다. 그래야 생성형 AI를 신뢰하며 안심하고 사용할 수 있다.

2) 생성형 AI 저작권

저작물을 「저작권법」 제2조 제1호에 "저작물"은 '인간의 사상 또는 감정을 표현한 창작물을 말한다.'고 규정되어 있다. 현행 국내 저작권법상 저작물로 인정받기 위해서는 인간이 만들어야 하고, 사상 또는 감정이 표현되어야 하며, 창작성이 있어야 한다는 3가지 요건을 갖추어야 한다. 가장 오래된 저작권 보호를 위한 베른협약에서 저작물의 종류를 문학과 예술 저작물(literary and artistic works)로 규정하고 있는 것과 같은 맥락이다.

베른협약은 저작권을 국제적으로 보호하기 위하여 1886년에 스위스의 베른에서 체결하였으며, 저작물의 성립과 동시에 저작권이 성립되는 무방식주의*를 취하였다. 그러다 1952년에 '만국 저작권 조약'으로 확대되었다.

챗GPT와 같은 생성형 AI 모델을 이용하여, 그림·문서 등 다양한 종류의 창작물을 만들어 내고 있고, 향후 그 수는 상상하기 어려울 정도로 많아질 것으로 예상되는데 생성형 AI의 저작물은 저작권을 인정받을 수 있을까?

생성형 AI를 이용하여 만들어 낸 창작물의 법적 지위는 무엇이고, 이러한 결과물들의 폭발적인 증가로 인해 법적, 사회적으로 어떤 점이 문제가 될 수 있는지 검토해야 한다.

생성형 AI의 저작물 등록 사례가 있다. 인도 저작권청은 '일몰(suryast)'에 대하여 AI 기반 앱을 공동저작자로 하는 저작권 등록 신청을 승인하였고, 같은 그림은 캐나다에서도 공동저작자로 인정을 받아 저작권이 등록되었다.

그런데 우리나라 「저작권법」 제39조 제2항은 공동저작물의 저작재산권은 맨 마지막으로 사망한 저작자가 사망한 후 70년간 존속한다고 규정하고 있는데 현행법 상으로는 이를 그대로 적용하기 어렵다. AI는 생명체가 아니어서 죽지 않기 때문이다.

미국 저작권청은 AI에 의하여 생성된 자료를 포함하는 저작물에 대한 가이드라인을 발표하였는데 이 가이드라인에서 AI의 도움을 받아 만들어진 저작물의 등록을 원할 경우 저작물의 창작에 대한 사람의 기여도 및 어떠한 부분이 사람에 의하여 생성되었는지를 명시해야 한다고 하였다.

AI가 만든 생성물이 작품에 포함됐을 경우 최종 결과물이 '기계적 재생산'의 결과인지 아니면 저자 자신의 독창적인 개념에 형태를 부여한 것인지 고려해야 한다.

그래서 미국 저작권청은 이미지 생성 AI '미드저니'를 사용해 만든 그래픽노블(Graphic Novel)*의 저작권을 스토리는 인정했지만 AI로 만들어진 개별 이미지는 인정하지 않았다.

○ AI 창작물의 저작권 해법

AI가 그린 미술작품이 공모전에서 1위를 차지하는 일이 발생하였다. 2022
년 미국 콜로라도주 박람회 미술전에서 게임 디자이너인 제이슨 앨런(Jason M.
Allen)이 제출한 작품 〈스페이스 오페라극장〉이 신인 디지털 아티스트 부문에
서 1위를 차지하였는데 이 그림은 한 줄의 문구를 그래픽으로 변환해 주는 인
공지능 프로그램 '미드저니'로 제작하였다. 공식 대회에서 상을 받은 것은 이것
이 처음이다. 사람이 아닌 인공지능 작품이 상을 받은 것은 부정행위라는 비난
이 일자, 앨런은 작가 이름을 '미드저니를 이용한 제이슨 앨런'(Jason M. Allen
via Midjourney)이라고 밝혔기 때문에 어떤 규칙도 어기지 않았다고 주장하였다.

'우리는 예술의 죽음이 눈앞에서 펼쳐지는 것을 보고 있다', '너무 끔찍하다',
'인공지능 그림이 얼마나 유익한지는 알겠지만, 그렇다고 예술이라고 주장할
수 있을까?' 등의 반응이 있었다.

▲미드저니를 이용한 제이슨 앨런 作 〈스페이스 오페라극장〉

처음 카메라가 발명됐을 당시 화가들은 이를 인간 예술성의 타락으로 여겼다. 19세기 프랑스 시인 겸 미술평론가 샤를 보들레르(Charles Pierre Baudelaire)는 사진 기술을 '예술의 가장 치명적인 적'이라고 비난하였다. 20세기에는 디지털 편집도구와 컴퓨터 기반 디자인 프로그램들이 이와 비슷한 이유로 비난의 대상이 됐었다.

원하는 그림을 만들도록 유도하는 정확한 지시문구(prompt)를 찾아내는 것도 하나의 기술이 됐다. '프롬프트 엔지니어'란 신종 직업이 등장할 정도로 프롬프트가 하나의 시장을 형성하기 시작했다. '정확한 지시문구를 찾는 기술도 창의력일까?' 하는 의문이 생긴다.

또한 그렉 루토스키를 비롯한 화가들은 사전 동의 없이 자신의 화풍을 AI에 교육시킨 후 이미지를 생성해 수익을 내는 등 권리를 침해하는 것을 비판하였다. 기존의 작품을 변형시킨 AI 그림을 작가들이 원치 않는다는 것이다.

AI 학습을 위해 인간의 저작물을 저작권자 허락 없이 마음대로 활용하는 것이 타당한지, AI가 산출해 낸 글과 그림, 음악 등을 인간의 것과 마찬가지로 저작물로 보호해야 하는지, AI 산출물을 보호한다면 누구에게 권리를 부여할 것인지에 대한 해답을 찾아야 하는 과제가 우리 앞에 놓여 있다.

○ AI 창작물의 저작권 국제 동향

AI 기반 앱을 소유한 인도 IP변호사 안키트 산니(Ankit Sahni)는 AI가 생성한 그림 〈일몰(suryast)〉을 최초 산니 본인이 아닌, AI 기반 앱 RAGHAV를 단독저작자로 신청하였으나 거절되었고, 그 이후 산니와 RAGHAV를 공동저작권자로 신청하여 2020년 11월 저작권 등록이 승인되었다. 〈일몰(suryast)〉은 캐나다 저작권청에도 산니와 RAGHAV가 공동저작자로 등록되었다.

▲산니와 RAGHAV 공동 作 〈일몰(suryast)〉

미국 저작권청은 만화책 「새벽의 자리야(zarya of the Dawn)」의 AI 생성 이미지 부분은 전적으로 AI '미드저니'가 만들었다는 이유로 해당 부분의 저작권은 인정하지 않았다. 미국 저작권청에서는 인공지능은 창작자 요건(owner of authorship)을 충족하지 못한다고 판단하였다. 창작자는 인간만이 가능하다는 것이다. 인간 저작자 요건(human authorship requirement)은 정신의 창조적 능력에 기초한 지적 노동의 결실로 장치에 의존하는 것이 아니라 저작물이 창작되는 과정에서 최소한의 인간의 창조적인 노력이 표현되어 있는지로 판단한다는 것이다.

중국에서는 저작권을 독창성, 표현, 지식의 성과로 판단하기에 저작자는 저작물을 창작한 자연인으로 규정하였다. 영화 및 엔터테인먼트산업의 빅데이터 분석 보고서, 인공지능으로 생성한 도표는 독창적이지만 저작물이 아니라고 하였다. 따라서 지능형 문서작성 시스템(dreamwriter)으로 작성한 기사는 작성팀의 활동 결과이고, 드림라이터는 창작자가 아니기에 저작권이 없다고 판단하였다.

우리나라는 「저작권법」 제2조 제1호 인간의 사상이나 감정을 표현한 창작물을 저작물로 규정하고 있고, 동조 2호에 저작물을 창작한 자를 저작자로 규정하며, 동법 제10조 제1항 저작자는 저작인격권, 저작재산권을 가진다고 규정하고 있다.

AIPPI(국제지식재산권보호협회)에서는 생성한 저작물은 인간의 개입이 없다면 보호될 수 없다고 선언하였는데, 인공지능이 인간처럼 스스로 사고하고 감정을 가질 수 있는 정도에 이르른다면 이 선언은 바뀔 수도 있다는 것이 전문가들의 의견이다.

○ 새로운 기술 교육

2004년 에릭 스톨터만(Eric Stolterman) 교수가 주장한 ESG DX(Digital Transformation)는 ESG에 ICT를 융합한 개념이다. ESG는 환경과 사회 그리고 지배구조를 기본 요소로 한다.

E(Environment)는 기후 위기를 어떻게 극복할 것인지가 관건이다. 즉 ICT(Information & Communication Technology)를 이용해 에너지를 관리하는 스마트 에너지가 되어야 한다.

S(Social)는 지역사회별로 안고 있는 문제나 니즈(needs)를 파악하고 각 지역의 특성을 고려한 맞춤형 사회공헌 활동을 전개한다. 일회성이 아닌 인프라의 DX화를 통해 지역사회의 가치를 높이고, 주민들의 편의성을 마련해 주는데 초점을 둔다. G(Governance)는 내 주변에서 바른 말을 해 주고 진심으로 조언해 줄 수 있는 사람, 혹은 장치가 얼마나 되는가가 중요하다.

보스틴컨설팅그룹에서 ESG DX(Digital Transformation)로 기존 업무 역량을 높이는 업스킬링(upskilling)이 60%, 새 업무는 15%, 그리고 나머지 25%는 기존의 기술을 다시 배우는 리스킬링(reskilling)이라고 분석하였다. 학교를 졸업한 후에도 기술은 계속 배워야 하기 때문에 프랑스 이동통신사 '프리 모바일'에서는 '에콜42학교'를 설립하여 학력 제한 없이 18~30세 사람에게 무상으로 변화하는 기술을 가르치고 있다.

디지털미디어 환경 변화의 속도가 점점 빨라지고 있다. IT(information technology)를 기반으로 한 새로운 기술의 등장(정보통신융합, 인공지능, 클라우드, 빅데이터, SNS, 증강·가상현실 등)으로 디지털경제로 전환되었고, 능동적 생산자가 출현하였으며, 여가 활동을 중요시 여기게 되었다.

정보통신기술로 지상파를 넘어 케이블, 위성, 인터넷망을 통해 미디어가 확대되었고, 통신서비스도 모바일, IP(Internet Protocol)TV 등으로 확장되면서 이들이 융합하는 이른바 '융합미디어 시대'가 도래하였다. 다매체·다채널 온라인플랫폼에 기반하여 방송과 통신, 정보와 미디어가 융·복합된 형태로 콘텐츠의 범위가 확장되고 있는 것이다.

인터넷과 모바일 기술의 발달로 방송·통신 융합형태인 OTT(Over the Top)와 IPTV, Youtube, 포털사이트, SNS 등 방송플랫폼의 다양화로 비실시간 방송서비스가 증가하고, 유튜브와 SNS를 통해 영상콘텐츠의 생산과 소비가 확대되고 있는 '디지털영상콘텐츠 시대'이다. 방송 영역도 ICT 기술(IoT, Cloud, Big Data, Mobile)을 활용한 디지털콘텐츠로 발전하면서 콘텐츠시장은 디지털콘텐츠가 주도하여 성장하고 있다.

이러한 때 디지털콘텐츠 격차를 염려해야 한다. 디지털콘텐츠 격차는 디지털 환경에서 개인의 특성 즉, 연령적·경제적·지역적 또는 신체적 여건 등으로 인하여 디지털기기를 통해 표현되는 콘텐츠를 접근·이용·생산·소통하는 과정에서 나타나는 차이 또는 불평등 현상으로, 방송·통신이 융합되는 등 방송환경이 변화하면서 디지털 격차 문제는 방송의 영역으로 확대되어 경제·사회·심리적인 소외를 가져오고 있다.

3. 예술과 기술

1) 복제 미술

앤디 워홀(Andy Warhol)은 어린 시절 팔, 다리, 몸을 흔드는 질병인 시드남 무도병으로 아이들의 놀림을 받았다. 피츠버그 카네기 공과대학에서 산업디자인을 전공하고, 1949년 뉴욕에서 잡지 일러스트레이터 및 광고 디자이너로 근무하였다.

그는 만화 속 인물에 대한 연작을 제작하면서 팝아트 운동에 동참하였고, 1962년 실크스크린 기법으로 할리우드 스타들의 스틸 사진을 변형시켜 대량복제하여 센세이션을 일으켰다. 앤디 워홀은 기계복제 시대에 가장 걸맞은 예술가로 손꼽힌다.

▲ 앤디 워홀의 〈마릴린 먼로〉

2) NFT 미술작품

NFT(Non Fungible Token, 대체 불가능 토큰)는 일종의 디지털 정품 인증서로 블록체인 기술을 기반으로 한다. 디지털 파일을 NFT로 만드는 것을 민팅(minting)이라고 하는데 디지털 콘텐츠에 고유자산 정보를 부여해 가치를 매기는 작업이다. NFT의 소유권과 판매 이력 등은 모두 블록체인에 저장된다. NFT는 각 토큰마다 고유한 인식 값이 있어서 가격이 다르게 책정되며 서로가 서로를 대체할 수 없는 것이 특징이다.

NFT의 적용 범위는 이미지, 소리, 텍스트, 영상 등의 디지털 콘텐츠부터 예술품, 음원, 게임 아이템, 가상 부동산, 각종 상품 등이고, 디지털 작품을 민팅한 NFT를 디지털 아트(digital art), 또는 크립토 아트(Crypto Art)라고 한다.

디지털 아트의 특성 중의 하나는 유일성으로 희소성의 가치가 있고, 디지털 장부에 기록되면 영구 보존된다. 작가는 작품을 홍보하고 누군가는 투자를 통해 소득이 생기지만 미술작품을 투자 혹은 투기의 대상으로만 접근하는 측면이 있다는 우려가 있다.

▲NFT 작품–심심한 원숭이 이미지

3) 레디메이드(ready-made) 기법

- 모나리자(The Mona Lisa)

레오나르도 다 빈치(Leonardo da Vinci)가 1503~1506년에 걸쳐 그린 작품으로 프랑스 파리 루브르 미술관에 소장되어 있다. 피렌체의 부유한 비단 장수인 조콘도 아내의 초상화로 모나리자는 '리자 부인'이라는 뜻이다.

그림을 그릴 때 연주자를 불러 부인이 좋아하는 음악을 들려주어서 그녀가 항상 신비로운 미소를 짓게 하였다. 모나리자는 스푸마토(sfumato) 기법으로 윤곽선을 안개가 낀 것처럼 뿌옇게 그린 것이 신비로움을 더해 준다. 모나리자는 가장 많이 패러디되고 복제된 작품으로 유명하다. 이미 만들어진 작품을 기반으로 변형시키는 레디메이드(ready-made) 기법으로 여러 유형의 모나리자가 탄생하였다.

- 수염 있는 모나리자

1919년 마르셀 뒤샹(Marcel Duchamp)은 모나리자가 인쇄된 엽서에 검은 펜으로 수염을 그려 넣고 알파벳 대문자로 'L.H.O.O.Q'라고 적었다. '그 여자의 엉덩이는 뜨겁다'는 뜻이다. 뒤샹은 아방가르드 미술운동인 다다이즘 화가이다. 다다이즘은 세계전쟁 후의 무의미함과 허무주의를 암시하고, 부조리를 내세우며 전통미술과의 단절을 선언하였다.

- 앤디 워홀의 모나리자

앤디 워홀(Andy Warhol)이 1963년 고고한 유일성과 상징성의 아우라를 부인하고, 실크스크린 기법으로 복제를 반복하여 모나리자를 만들었다.

- 뚱뚱한 모나리자

1978년 페르난도 보테로(Fernando Botero)가 팝아트의 혁신적인 시도로 무겁고 장엄했던 예술에 발랄함과 생기를 불어넣어 주었다.

- 그래피티(Graffiti) 모나리자

1983년 장 미셸 바스키아(Jean Michel Basquiat)는 마치 아이들의 낙서처럼 보이는 화풍으로 하위문화를 예술로 승화시켜서 '검은 피카소'라는 별명이 붙었다. 그가 재현한 작품은 1달러에 인쇄된 이미지를 연상하게 하여 예술과 돈이라는 자본주의의 두 가지 가치를 상징한 모나리자는 그래피티(Graffiti) 즉 하위문화를 대표하고 있다.

▲〈모나리자〉 원본과 재현 작품들

요즘은 디지털 기술의 발달로 작가가 아니어도 모나리자의 변형이 자유자재로 이루어지고 있다.

▶ 〈모나리자〉 디지털 변형

　최근 빈센트 반 고흐(Vincent Willem van Gogh)가 자신의 귀를 자른 사건이 있은 후 정신적인 문제가 생겨서 1888년 정신병원에 입원했을 때 병실 창밖의 밤 풍경을 그린 〈별이 빛나는 밤에〉가 2021년 구글 AI 드림 작품으로, 2023년 AI 드림웜보 작품으로 재현(represent)되고 있다.

▲고흐의 〈별이 빛나는 밤에〉

▲2021년 구글 AI 드림

▲2023년 AI 드림웝보

뉴미디어 시대의 창작과 지식재산권

4. 콘텐츠 창작

1) 콘텐츠산업 전망

문화체육관광부와 한국콘텐츠진흥원은 경기 침체에 따른 위기 속 콘텐츠산업의 현재와 미래를 살펴보는 '콘텐츠산업 2022년 결산 및 2023년 전망 세미나'를 개최했다. 2022년 콘텐츠산업의 주요 현안을 빅데이터를 통해 정리한 결과 '넷플릭스', 'IP' 등의 키워드가 큰 비중을 차지하였으며, '메타버스', 'NFT' 등 신기술과 관련된 이슈에도 관심이 컸다. 그리고 앞으로의 콘텐츠산업 전망 키워드 10가지를 발표했다.

1. **W 곡선**: 'W' 곡선은 경기 침체의 영향에도 불구하고 즐거움을 누리는 콘텐츠 소비 심리가 증가하며, 앞으로 콘텐츠산업의 새로운 기회가 될 것이라는 전망을 의미한다.

2. **'이탈' 주의보**: 코로나19 팬데믹 특수가 사라지며 이탈하는 이용자를 잡기 위한 OTT들의 노력이 계속되고 있다. 광고 기반의 요금제 개편을 단행한 넷플릭스와 디즈니플러스가 그 예이다. 또한 오리지널 콘텐츠 확보와 가입자 수 증대를 위한 인수합병을 전략으로 내세운 OTT들도 있다.

3. **소수에서 자연수로**: 소수에서 자연수로는 그간 소수로 여겨졌던 인물을 중심에 내세우며 다양성과 포용성을 위해 노력하는 모습을 보였다. 드라마 〈이상한 변호사 우영우〉의 '영우', EBS 〈딩동댕 유치원〉의 '하늘이'는 장애인 캐릭터로, 그동안 상대적으로 주목도가 낮았던 장애인을 우리 사회의 일원으로서 자연스럽게 등장시키고 있다.

4. **본격 가동, K-스튜디오 시스템**: CJ ENM은 스튜디오스를 설립했고, JTBC는 SLL(스튜디오 룰루랄라)를 설립했다. 또한 글로벌 제작사와의 공동 제작을 통해 현지 유통에 더욱 힘쓰고 있다.

5. **콘고지신**: 세대와 장르·형식을 넘어서는 콘텐츠 IP 성공사례 등 경험이 핵심인 콘텐츠+온고지신(溫故而知新)으로 콘텐츠 IP의 전략적 활용도를 강조한다.

6. **당신의 콘BTI는**: 이용자 MBTI(성격유형검사)로 콘텐츠 소비 트렌드를 확인할 수 있는 '콘BTI'를 구성해 이용자 소비 특성을 제시한다.

7. **주문을 받습니다**: 적극적인 콘텐츠 소비자를 벨덤(벨을 울리는 콘텐츠 팬덤)으로 정의하고 '주문을 하고 받는' 팬덤과 제작사 상호작용으로 콘텐츠 파워가 지속될 것이다.

8. **K-콘텐츠, 공감과 교류로 지속 확장**: K-콘텐츠에 대한 높아진 글로벌 팬 기대감과 문화감수성으로 공감하며 교류하면서 확장시킨다.

9. **한 걸음 더, 현실과 가상 사이**: 한편 신기술과 방송영상산업이 결합하며 현실 세계와 가상 세계를 넘나드는 콘텐츠가 활발히 제작된다.

10. 창의노동, 변곡점에 서다: 콘텐츠산업의 지속적인 발전을 위해서는 미래형 인력 양성이 중요하다. 경기 침체로 인한 일자리 감축은 창의 노동으로의 변화를 꾀했다. 특히 콘텐츠 제작 인력은 그간 지인의 소개 등으로 인력 매칭이 이루어졌다면, 앞으로는 데이터를 활용한 정확한 인력 매칭을 통해 제작 현장의 효율성을 높이려는 시도가 등장하고 있다.

○ 콘텐츠 생태계

- **IP와 플랫폼:** 확장성 있는 IP를 개발 및 확보하는데 웹툰, 웹소설이 원천 IP의 보물창고이다. TV에서 넷플릭스 그리고 유튜브까지, 새로운 플랫폼이 등장하고 있다.

- **안정된 라인업 확보:** 기존 한국 영화는 흥행이 검증된 감독이 오리지널 각본을 쓰는 페이스(pace)에 의존하는 경향이 컸는데 원작 IP를 안정적으로 확보한 후 라인업을 꾸린다. 그래서 중소 제작사나 개인 크리에이터는 자체적으로 IP를 개발하고 콘텐츠 IP 비즈니스 모델을 찾는 생존 전략이 요구된다.

- **특정 장르의 유행:** 웹툰, 웹소설 시장에서는 로맨스, 로맨스 판타지, 무협 등 특정 장르물이 인기인데 기존 드라마 투르기(이야기를 실행 가능한 형식으로 조정하는 것)의 전형성을 탈피한 스토리, 구성, 캐릭터로 K콘텐츠의 다양성과 확장성을 높이고 있다.

- **IP 전쟁에 따른 비용 상승:** 경쟁이 가속화되면 IP구매 가격, 더 나아가 제작비의 상승을 피할 수 없다. 그래서 한국이 아닌 미국 스튜디오나 글로벌 OTT에 판권이 넘어갈 가능성이 있다.

- **크리에이터를 위한 건강한 생태계 형성:** 현재 콘텐츠 업계는 소수의 스타

작가 및 스튜디오가 킬러 콘텐츠를 통해 막대한 부를 독식하고 있다. IP 생산 주체와 소비자가 연결되는 웹3.0*의 크리에이터 생태계가 만들어지고 있다. 콘텐츠산업의 기초 구조를 담당하는 스토리 시장이 질적·양적으로 성장해야 한다.

* 웹1.0 정보, 웹2.0 쌍방향 소통, 웹3.0 데이터 기반 개인 맞춤

○ 플랫폼의 미래

- **숏폼 플랫폼의 성장**: 틱톡과 유튜브 숏츠, 인스타그램 릴스는 이른바 '숏 포머블(short form+able)'한 콘텐츠가 올라오는 채널이다. 틱톡에서 일종의 밈(meme)이 된 넷플릭스 시리즈가 있다면 실제로도 입소문을 타고 있다는 의미이다.

- **토종 OTT의 가능성**: 웨이브는 영화와 수익 모델을 유사하게 가져와서 극장 배급과 상생하고 있고, 티빙은 젊고 신선한 소재와 밀도 높은 완성도를 보여 주는 콘텐츠로 승부를 걸고 있다.

- **해외 OTT 투자**: 쿠팡플레이는 스포츠 등 다양한 장르 콘텐츠에 폭넓은 투자를 하고 있고, 디즈니+는 다양한 콘텐츠를 선택하는 것으로 방향을 전환하였으며, 아마존 프라임 비디오는 한국콘텐츠 주력 시장인 동남아시아 시장에서 신규 및 라이브러리(library) 콘텐츠를 안정적으로 수급하고 있고, 애플 TV+는 선택과 집중을 통해 프리미엄 콘텐츠로 마니아층을 형성하였다. 파라마운트+는 티빙과 협업으로 비용 절감을 하며 한국 시장에 특화된 IP를 구축하였고, HBO 맥스는 풍부한 라인업(line up)으로 자체 경쟁력을 키웠다.

하나의 구독료로 두 개의 OTT를 감상할 수 있는 서비스를 실시하는가 하면 OTT의 파트너십으로 오리지널 콘텐츠 공동제작, 콘텐츠 라이센싱, 유통업무

등을 포함하는 대대적인 컬래버를 실시하고 있다.

- **OTT의 옥석 가리기와 양극화**: 양질의 콘텐츠가 아니면 외면받는 OTT시장에서 살아남기 위해 웰메이드(well-made) 콘텐츠로 승부를 걸어야 한다. 그래서 장기 시즌화가 가능한 콘텐츠에 대한 투자를 한다. 그런데 거대 자본으로 통큰 투자를 하는 기존의 거대 플랫폼과는 다른 작고 경쟁력 있는 플랫폼도 나타나야 한다.

- **글로컬라이제이션(Glocalization)**: 전 세계 미디어 시장의 흐름은 글로컬라이제이션, 즉 로컬콘텐츠의 세계화 및 글로벌 기업의 현지화를 실시하고 있다. 2023년은 국내 미디어·엔터 기업의 현지화 전략으로 글로벌 영향력 확대가 이슈가 되었다.

- **극장의 생존과 공간의 변화**: 극장산업은 코로나19를 겪으면서 보이지 않던 문제들까지 속속 드러났다. 엔데믹(endemic) 후 적자를 벗어나기 위해 티켓 가격의 상승, 제작 편수 감소, 대작과 저예산 장르물로의 양극화가 심화되면서 극장 공간의 필요성을 환기하고 공간의 본질을 되돌아보는 계기가 되었다.
"왜 시간을 들여서 극장까지 가야 할까, 극장에서 무엇을 즐겨야 할까?"
극장산업은 이 질문에 대한 답을 찾아야 앞으로 나갈 수 있다.

○ **콘텐츠 마케팅**

콘텐츠 마케팅이란 유튜브, 인스타그램, 블로그 등을 활용하여 고객에게 유용하고 가치 있는 콘텐츠를 제작하고 배포함으로써 브랜드가 타게팅(Targeting)한 고객을 모으고 유지하기 위한 장기적인 전략이다. Hubspot 마케팅 2021년 보고서에서 마케터 82%가 콘텐츠 마케팅을 긍정적으로 생각하고 있는 것으로 나타났다. 인터넷 보급과 스마트폰이 나오면서 단순히 제품을 소개하는 광고로 인식하는 것이 아니라 고객 스스로 유익하다고 판단되면 사람들과 공유하는 트렌드로 새로운 콘텐츠 마케팅을 한다.

콘텐츠 마케팅 가운데 가장 많이 사용하는 것은 블로그 마케팅과 유튜브 마케팅이다. 블로그의 가장 큰 장점은 인스타그램이나 트위터처럼 짧은 글보다는 많은 양의 정보를 공유할 수 있다는 점이다. 제품 또는 서비스와 연관이 된 블로그에 포스팅(posting)을 하면 관련 주제에 대해 관심이 있는 잠재 고객들과도 연결이 된다. 요즘은 영상을 만들어 제품 또는 서비스를 홍보하는 유튜브 마케팅이 인기인데 HubSpot의 연구(2021)에 의하면 사용자들은 이미지 콘텐츠보다 비디오 콘텐츠를 선호하는 것으로 나타났다(54%). 이메일을 활용하여 뉴스레터, 이벤트 공지, 기업의 소식 등을 홍보하는 이메일 마케팅은 리서치 기업 Econsultancy에 따르면 대다수의 기업들(72%)이 이메일을 ROI(return on investment, 투자수익율) 측면에서 탁월한 전략으로 평가하고 있다.

콘텐츠 마케터는 카피라이팅을 기반으로 고객에게 매력적으로 느낄 수 있는 소구점을 발견하고 그런 메시지를 기반으로 카드뉴스, 쇼츠뉴스(shorts news), 블로그, 뉴스레터, 상세페이지, 광고 제작을 하기 때문에 콘텐츠 마케터의 역할이 매우 크다.

2) 고전에서 콘텐츠 찾기
○ 고전의 콘텐츠화

문화콘텐츠를 연구하는 문화콘텐츠학은 응용학문으로 문화를 가공하는 것이다. 문화콘텐츠는 고부가가치산업이고, 환경문제가 없는 미래산업이며 국가이미지를 높여 준다.

콘텐츠는 감정이입이 용이한 캐릭터와 이야기로 구성되어 있는데 문화적 요소와 산업적 요소가 크다. 문화 콘텐츠(culture contents)는 콘텐츠를 담는 그릇으로 출판, 방송, 영화, 게임, 캐릭터이다. 출판과 만화는 원작 산업이고, 캐릭터는 경제적 가치가 높은 고수익 산업으로 롱셀러(long seller)이며 캐릭터 라이센스(license) 수익모델이다. 애니메이션은 다른 산업과 연계가 쉬워서 부가가치가 높고, 문화적 이질감이 적어서 해외 수출이 용이하다.

스토리텔링은 창작과 각색이 가능한데 고전문학은 현대적 변용과 재해석으로 다양한 이야기를 창작해 낼 수 있다. 고전문학의 장점은 콘텐츠 소재가 무궁무진하고, 내용이 친숙하다는 것이다. 문화원형이 온전히 살아 있는 텍스트, 저작권이 없는 콘텐츠의 보물 창고로 기본적인 스토리성이 있어서 새로운 콘텐츠 개발이 쉽다. 고전의 현대적 수용도가 높은 것은 근거가 있는 이야기를 선호하기 때문이다.

고전시가로 〈공무도하가〉(이상은 노래), 〈황조가〉(이정표 노래), 〈정읍사〉(어울림 노래)가 대중가요로 불리웠고, 고전소설 흥부와 놀부를 〈흥보가 기가 막혀〉로 작곡하여 육각수가 불러 큰 인기를 끌었고, 설화 선녀와 나무꾼 이야기는 김창남의 〈선녀와 나무꾼〉으로 쉽게 따라 부르고 있다. 또한 〈황진이〉는 박상철 노래로, 〈김삿갓〉은 홍서범 노래로 많은 사랑을 받았다.

고전을 활용하면 원전의 느낌을 잘 살리면서 감정적 교류 즉 공감대를 형성하여 고전문학을 알리는 역할을 한다. 고전 패러디도 많이 사용하는데 원작을 비틀어서 뜻밖의 반전을 시키는 것이 핵심이다. 고전을 활용한 이야기 광고는 패러디, 재구성, 단순차용 등의 형식이 있다.

미래학자 롤프 옌센(Rolf Jensen)은 저서 「드림 소사이어티(dream society)」에서 기술로 만든 상품이 아닌 상품과 관련된 이야기를 판다고 하였듯이 드림 소사이어티는 정보 사회에 뒤이어 올 미래 사회로, 꿈과 이야기와 같은 감정적인 요소와 상상력이 중요시되는 사회이다.

디지털시대는 정보의 신속성, 정확성, 멀티미디어성, 무한 복제, 변형, 전송이 가능한데 거기에 인문학이 재료가 된다면 그 잠재력이 폭발할 것이다. 고전은

철저한 고증이 필요하고 현재 우리의 삶과 괴리되어서는 안 된다는 것만 염두
해 두면 좋은 이야기 상품이 될 것이다.

○ 고전문학 속 여성과 장애인
– 여성이 주체가 된 문학
〈완월회맹연〉은 이씨부인이 지었는데 내용은 가족 이야기이다. 1966년 낙선
재 문고에서 발견되었다. 〈미암일기〉는 16세기 양반 가정의 이야기로 생활사
연구에 도움이 된다. 〈해동이씨삼대록〉은 삼대에 걸친 가정사이고, 조성기의
〈창선감의록〉은 화씨 문벌 가문의 내적 갈등을 담고 있다. 광해군이 인목대비
를 서궁에 유폐시켰을 때 쓴 〈계축일기〉, 영조의 며느리이고 사도세자의 부인
이며 정조의 어머니인 혜경궁 홍씨가 남긴 〈한중록〉은 실기문학(實記文學)에
속한다.
중인들이 주로 쓴 여항문학(閭巷文學), 가문소설, 규방(閨房)소설이 여성작가
나 여성의 이야기를 다룬 고전문학이다.

– 장애인 소재 문학
장애인은 환과고독(鰥寡孤獨) 즉 그 당시 표현으로 홀아비, 과부, 고아, 늙어
서 자식 없는 사람을 이르는 말로 요즘 말로 하면 사회 소외 계층으로 민심을
대변하였다.
고전시가(詩歌) 이황의 〈도산십이곡〉에서는 장애인을 비유적으로 사용하였
고, 〈화원악보〉에서는 장애인을 조롱하였으며, 〈진본청구영언〉에서는 장애인
에 대해 단순한 표현을 하였을 뿐이며, 〈노처녀가〉에서는 여성장애인 결혼문
제를 다루었다.
고전소설에 장애인이 많이 등장한다. 〈심청전〉에는 효녀 심청의 아버지 심학
규가 시각장애인이고, 〈춘향전〉에는 춘향이가 참형을 앞두고 시각장애 점복가
를 옥(獄)으로 불러서 꿈 해몽을 부탁한다. 〈변강쇠전〉에도 맹인독경사가 등장

하고, 〈박타령〉에는 장애가 있는 걸인(乞人)이, 〈옹고집전〉에는 장애인 노비들이 나온다.

〈봉산탈춤〉에서는 양반을 조롱하는데 언청이를 차용하였고, 〈은율탈춤〉에서도 양반을 조롱하기 위해 지체장애에 비유하였다. 유랑놀이패에도 장애가 소재가 되거나 장애인 유랑놀이꾼이 있었다. 이 유랑놀이패는 탈을 쓰고 노래도 하고 춤도 추는 광대들의 맛깔스러운 풍자로 백성들의 시름을 달래 주었는데 영·정조 시대에 폐지되어 산대놀이로 발전하였다. 유랑놀이패는 극적 요소로 종합성과 현장성이 있다는 평을 받고 있다.

그동안의 역사학은 시대사 중심이었지만 요즘은 생활사 테마 중심으로 콘텐츠를 발굴하고 있다. 단순 각색은 재현, 일부 내용을 변형시키는 번안, 다르게 설정하면 개작이 되는데 그 어떤 형태이건 디지털 컨버전스(digital convergence)의 집합체로 더 멋있게 재탄생시킬 수 있다.

고전에서 소재를 찾기 위해 패트런(patron) 즉 창작 활동 지원자가 필요하다. 작가들이 창작 활동을 할 수 있도록 경제적으로 지원해 주는 사람이 있어야 한다. 중세 시대에는 영주나 귀족이 이 역할을 주로 담당하였는데 현대는 정부 차원에서 지원을 해야 한다. 고전에서 소재를 찾으려면 많은 시간과 노력이 필요하기 때문이다.

3) 스토리텔러가 필요해
○ **스토리텔러 키우기**

요즘처럼 콘텐츠가 범람하는 시대에 가장 필요한 것은 대체 불가한 스토리이다. 글로벌 플랫폼이 한국 시장을 겨냥한 콘텐츠를 속속 내놓으며 경쟁하는 지금, K-콘텐츠가 자체 경쟁력을 갖기 위해 스토리의 중요성이 더욱 부각된다. 그래서 영상화가 가능한 극본을 찾는 공모전을 개최하고, 창작지원금·개인 집필실 등 창작환경을 지원해 주고 있는 곳이 있다. 바로 CJ ENM이다.

CJ ENM의 신인 창작자 발굴·육성 프로젝트로 오픈센터에는 63개 집필실이 있는데 개인 집필실에는 책상과 작은 침대가 마련돼 있고 24시간 자유롭게 이용 가능하다. 간단한 아침식사와 간식, 음료가 제공되고 게시판에 이름을 적으면 구내식당에서 저녁식사를 할 수 있는 식권이 발급된다. 읽고 싶은 책도 게시판을 통해 신청하면 바로 구매해 준다.

이밖에 견학과 취재도 지원한다. 범죄와 사극, SF 등 다양한 장르물이 등장하였기에 개인적으로는 취재가 어려운 국립과학수사연구원, 교도소, 경찰청, 소방서, 병원은 기본이고, SF 작가들은 한국항공우주연구원, 나로우주센터, 성범죄자에 대해 궁금하면 위치추적중앙관제센터를 방문할 수 있도록 해 주고 드라마 세트장도 방문하여 제작 과정을 살펴볼 수 있어서 신인들이 드라마 대본을 집필하는데 도움을 주고 있다.

또한 특강도 작가들에게는 꼭 필요한 지원이다. 명작을 만들어 낸 작가와 감독의 특강 그리고 시나리오 작법과 시리즈 구성, 기획 등 다양한 주제로 강의를 마련하고, 드라마 제작 과정에서의 커뮤니케이션 방법, 계약서 쓰기 등의 강의도 큰 도움이 된다.

공모전을 통해 당선될 경우 작품이 회사에 귀속되고 작가의 권리가 인정되지 않는다는 사실은 작가 지망생들의 불안 요소인데 오픈 작가들의 창작물에 대한 저작권은 창작자에게 귀속된다. 제작사에서 작가를 의뢰하는 문의가 오면 그에 맞는 장점을 갖춘 작가를 매칭해 주면서 향후 작품 활동을 돕는다. 지분이나 수익성을 담보로 한 수수료 없이, 작가에게 집필 기회를 마련해 주는 것이 목표여서 제작사와 계약을 맺고 업계로 나아가는 과정까지 함께한다.

○ 스토리텔러 성과

오픈은 2017년부터 스토리텔러 당선작 중 10편을 영상화해 tvN에 편성하고 있다. 당선작을 선보이던 '드라마 스테이지'의 이름을 2022년부터 '오프닝'으로 바꾸고, 콘텐츠 니즈에 맞춰 시리즈물 2편을 포함한 10편의 작품을 방영하고 있다.

6년 동안 발굴된 작가는 200명에 이른다. 지상파와 케이블, OTT, 영화 등 다양한 영역에서 활동하고 있는데 tvN의 〈블랙독〉, 〈갯마을 차차차〉, 〈슈룹〉, TV조선의 〈복수해라〉, 〈마녀는 살아 있다〉, KBS의 〈경찰수업〉, 영화 〈아이〉, 디즈니플러스 〈형사록〉 등이 오펜 출신 창작자들의 단독 집필 작품이다.

콘텐츠 소비 트렌드의 변화에 맞춰 모집 부문도 개편하여 2020년에는 시트콤, 2021년에는 숏폼, 2022년에는 시리즈 부문을 신설하였다. 작가뿐만이 아니라 2019년부터는 뮤직 부문에서 작곡가를 육성하고 있다. 드라마나 예능 OST 등으로 연계하기 위해서이다. 오펜 뮤직 출신 작곡가들은 〈슬기로운 의사생활〉, 〈술꾼도시 여자들〉, 〈사랑의 불시착〉, 〈나의 해방일지〉 등 유명 드라마 OST를 공동 작곡하거나 공동 편곡하면서 두각을 보이고 있다.

콘텐츠 기업이 스토리텔러를 육성하고, 스토리텔러가 콘텐츠를 생산함으로써 다시 콘텐츠 기업의 이윤이 창출되는 순환의 생태계가 조성되었다. 그래서 CJ ENM이 '콘텐츠 명가'에서 '콘텐츠 산실'로도 영역을 확장하고 있다.

5.　공모전으로 지식재산 만들기

1) 공모전의 역할

　지식재산권을 챙기기 위해 가장 먼저 눈을 돌릴 곳은 공모전이다. 예전에는 기업의 프로젝트가 위에서 아래로 내려지는 UP·DOWN 방식이었다. 오너가 무엇을 해 보라고 정해 주면 그것을 어떻게 만들 것인가를 고민해서 결과물을 내놓는 것이 다반사였다. 하지만 이제는 반대로 아래에서 위로 올라가는 DOWN·UP 방식을 취해 기업 내 구성원들의 아이디어를 취합하여 그 가운데에서 사업 아이템을 선정하는 방식을 취한다. 그런데 기업 내 사람이 아닌 대중에게 확대하기 위해 각 회사마다 공모전을 실시한다.

　주최는 기업(언론사)뿐만이 아니라 정부와 공공기관 그리고 각종 법인단체 등이다. 공모 유형은 아이디어, 네이밍, 기획서(사업, 마케팅), 정책 등 다양하고, 참가 방식도 개인이나 팀으로 도전할 수 있다. 팀은 시너지 효과가 있고, 당선이 되면 또 다른 공모전에도 응모하여 좋은 성적을 거두면서 어벤저스(Avengers) 팀이 되기도 한다.

　공모전을 통해 참신한 아이템을 발굴하는 것이 큰 목적이지만 사업 홍보의 역할도 하고 무엇보다 공적인 방법으로 선정되었기 때문에 안전장치가 마련된다는 것도 큰 장점이다.

　공모전의 특혜는 상금과 상품이 주어지는 것 외에 해외 연수나 인턴의 기회가 주어지기도 한다. 그 외에 공모전 당선은 좋은 스펙(specification)이 되고, 취업으로 연결되기도 한다.

공모전에 참여를 하면서 창조적 생각을 하여 자기 계발이 되면서 공모전 주제를 통해 제2의 인생을 준비하기도 한다. 상금은 알바보다 고수익이고 주최 측과 새로운 커뮤니티를 형성하게 되는 소득이 있다.

○ **공모전 준비는 인간에 대한 관심**

이 지구상에는 생물보다 무생물이 더 많다. 그만큼 생명을 갖고 태어난다는 것은 어려운 일이다. 생명에는 식물과 동물이 있는데 그렇게 나눈 이유는 장소 이동이 가능한가 아닌가이다. 식물은 이동을 할 수 없다. 동물은 이동이 가능하다. 그런데 인간은 어떻게 동물에서 떨어져 나왔을까? 다름 아닌 도구를 만들어서 사용할 수 있기 때문이다. 인간은 자기한테 필요한 것을 만들어서 편리하게 사용할 줄 알았던 것이다.

살아 있다는 것은 체온이 있다는 것이다. 그래서 사람은 체온을 유지하기 위해 의·식·주에 필요한 물건들을 만들어 냈다. 알고 보면 우리 주위에 있는 모든 물건은 의·식·주로 분류가 된다. 그런데 인간은 감각적 차원보다 관념적 차원의 즐거움을 더 원했다. 지금 당장 즐거운 것보다 앞으로 행복해지기를 원하는 것이다. 그래서 인간은 꿈과 희망이라는 관념적 이상을 위해 노력하였다.

인간이 산다는 것은 생활을 하는 것인데 인간은 위험에 대처하기 위해 협력해야 한다는 것을 알고 사회를 형성하였다. 그리고 죽음에 대한 두려움에서 벗어나기 위해 죽은 다음의 세상인 내세에서 행복해지려고 종교를 만들었다. 그런데 시간이 지나자 죽은 후의 일보다는 살아 있을 때 삶의 의미를 향유하는 것이 더 의미 있다는 생각에서 예술을 하게 되었다.

신석기시대 인간의 적은 자연이었고, 청동기시대는 강한 무기를 가진 다른 인간 집단이 적이었다. 호시탐탐 생명을 위협하는 적으로부터 자신을 지키기 위해 신에게 의지하였다. 그동안은 조상신을 믿었지만 사회가 발전하면서 보편적 신인 불교와 기독교가 나타났다. 이 시기는 신 중심의 시대로 인간이 사는 곳은 자연물로 이루어진 세계 즉 세상 'world'라고 불렀다. 이때 나타난 예술은 음악으로 예술과 과학을 주관하는 신은 9자매 뮤즈였다. 이것으로 예술과 과학은 함께 발전하는 관계라는 것을 알 수 있다.

십자군전쟁(1095~1456) 중 세계 최초로 이탈리아에 볼로냐대학이 설립되어 그리스 철학과 과학을 라틴어로 번역하여 공부하면서 문명을 발전시켰다. 이 시기가 르네상스로 이때는 인간 중심의 시대여서 인간이 존재하는 지구라는 'earth'를 사용하였다. 이 시기에는 문학과 미술이 발달하였다.

그 후 아인슈타인의 상대성이론으로 우주 공간이 확실히 드러나고 1957년 소련은 인공위성 발사에 성공하면서 우주 중심 시대가 열렸고, 우주 속의 위성 'globe'로 우리가 사는 곳을 표현하였다. 우주 중심 시대의 예술은 종합예술인 영화가 대세이다.

○ 문화의 힘

1차 산업혁명은 증기기관차의 발명으로 일어났고, 2차 산업혁명은 전기에 의해 가능했다. 3차 산업혁명은 인터넷으로 인한 정보화사회가 되었고, 현재 4차 산업혁명은 2016년 세계경제포럼인 다보스포럼에서 화두로 제기된 물리적 공간, 디지털 공간, 생물학적 공간의 기술 융합으로 사물인터넷(IoT, Internet of Things), 무인 운송수단(드론, 자율주행자동차), 인공지능(AI, Artifical Intelligence) 등이 이제 우리의 일상이 되었다.

이런 산업의 혁명이 가져온 변화 못지 않게 문화는 세상을 바꾸는 힘을 갖고 있다. 입센의 소설 「인형의 집」은 여성해방의 도화선이 되었고, 스토아 부인의 「엉클톰즈 캐빈」은 노예해방의 위업을 이루었다. 이렇게 예술의 가치는 무한하지만 그 가치를 몰라보는 경우가 많다.

조앤 롤링(J. K. Rowling)은 이혼 후 생후 4개월 된 딸을 혼자 키우느라 생활고를 겪으면서도 상상의 나래를 펴서 「해리포터」를 집필하고 책을 출간하기 위해 원고를 출판사에 보내면서 출간을 의뢰했지만 무려 출판사 12군데에서 거절을 당했다. 독자들이 좋아하지 않을 내용이라는 판단에서였다. 그러다 신생 블룸즈버리 출판사에서 출간을 결정하였는데 그 이유는 '그저 재미있어서'였다. 예술은 바로 이렇게 예술 자체로 평가를 해야 한다. 블룸즈버리 출판사는 「해리포터」로 메이저급 출판사로 급상승하였다.

　조앤 롤링은 1997년부터 2007년까지 「해리포터」 시리즈 전 7권을 완간하여 67개 언어로 번역이 되어서 전 세계인의 사랑을 받았다. 그 결과 영국 정부의 생활보조금으로 생활하던 조앤 롤링은 세계적인 부자에 이름을 올렸다.

　프랑스의 소설가 마르셀 프루스트(Marcel Proust)의 그 유명한 저서 「잃어버린 시간을 찾아서」도 NRF출판사에서 출간을 거절하였다. 마르셀 프루스트는 책의 내용을 독자들에게 알리고 싶어서 자비출판을 하였다. 그 비용은 저자 입장에서는 전 재산이었다. 그런데 비평가들이 호평을 쏟아 내자 NRF출판사에서 많은 계약금을 주면서 「잃어버린 시간을 찾아서」 2편 집필을 의뢰하였다.

　20세기를 대표하는 프랑스 작가 마르셀 프루스트(1871~1922)의 역작 「잃어버린 시간을 찾아서」는 프루스트가 총 7권을 14년에 걸쳐 선보인 방대한 작품으로, '20세기 최고의 소설'로 손꼽히고 있다. 프루스트 100주년 기념으로 지금도 세계 여러 나라에서 번역 출판을 하고 있는데 첫 출판을 거절당해 자비출판을 했다는 것은 출판사들이 작품을 평가하는 기준에 문제가 있다는 것을 뜻한다.

　문학뿐만이 아니라 미술도 처음부터 인정받기는 어렵다. 1860년 프랑스 화가들의 꿈은 '살롱전'에 입선하는 것이었다. 1863년 살롱전 1등 작품인 알렉상드르 카바넬의 〈비너스의 탄생〉은 나폴레옹3세가 구매할 정도였다. 보티첼리의 〈비너스의 탄생〉과는 다른 관능미가 있다고 찬사가 쏟아졌다.

살롱전에서 낙방한 화가들이 '낙선전'에 작품을 걸었는데 마네의 〈풀밭 위의 점심식사〉는 비난을 받았다. 원근법이 맞지 않는다는 것을 문제 삼았던 것이다. 당시 신고전주의 작품은 사진에 가까울 정도로 정확성을 중요시 여겼기 때문에 빛의 변화에 따라 다양하게 달리 보이는 순간적 장면을 묘사한 인상파 작품은 인정을 받지 못했다.

1873년 무명화가협회를 구성해서 1874년 살롱전에 앞서 전시회를 개최하였다. 모네, 세잔, 드가, 르누아르, 피사로의 작품이 전시되었다. 프랑스 작가이자 비평가인 루이 르루아(Louis Joseph Leroy)가 전시회 작품에 '인상만 있다'는 혹평을 하면서 인상파라는 용어를 만들었다. 인상파는 화가의 눈에 들어온 그 순간의 인상을 표현하는 것이어서 생략되는 부분들이 있었는데 고전주의 작가들은 그것을 이해하지 못하였다. 피카소, 뒤샹도 발표 당시는 악평을 받았지만 그들은 모두 세계 미술사의 중요한 화가로 기록되었다.

○ 진화하는 사회

영국의 물리학자 스티븐 호킹(Stephen Hawking, 1942~2018)의 '빅뱅 이론'으로 우주는 끝이 없다는 무경계이론이 증명되었고. 휴먼 게놈 프로젝트로 유전자 지도가 나온 것은 인류의 역사를 보다 넓고 세밀하게 만들었다. 국제화를 부르짖으며, 코스모폴리타니제이션(cosmopolitanization, 공동체)과 글로벌라이제이션(globalization, 지구촌)으로 세계가 하나가 되었다.

정보는 과장되거나 왜곡된 하이퍼인포메이션(hyper-information)으로 하이퍼소사이어티(hyper-society)가 되고, 미국의 수학자 노버트 위너(Norbert Wiener, 1894~1964)가 1948년에 주장한 동물과 기계의 의사소통이 가능한 사이버네틱스(cybernetics)와 인간과 기계가 서로에게 적응하는 사이에 새로운 인간형인 소시오 사이버네티션(socio-cyberneticians)이 만들어지는 등 세계를 거대한 피드백 메커니즘으로 설명하였다.

무선전신 시대는 빛의 속도로 메시지가 전달되어 일시적, 반복적, 다중 감각

주의(multi-sensualism) 현상을 보이고, 수직적인 나무의 사유가 아닌 리좀(뿌리와 줄기로 구별할 수 없는) 사유를 하게 된다.

현재 인류가 직면한 4차 산업혁명의 기본은 지능을 결합해 연결(connectivity)을 확대하는 것으로 사람과 사물, 사물과 사물 등 연결이 무한대로 확장되고 있다.

- **호모커넥투스(Homo Connectus)**: 데이터가 서로 연결된 모든 사물에서 생산되고, 클라우드(cloud)로 어디서든 접근과 공유가 가능하다. 빅데이터 분석으로 상황을 인식하고, 지식을 축적하며, 지능적인 의사 결정이 자동으로 이루어진다.

초연결(hyper connectivity) 사회는 기존과 다른 사회와 경제, 문화를 만들어 내고, 새로운 문화와 가치를 형성한다.

- **슈퍼휴먼(Super-human)**: 포스트휴먼(post-human)은 인간의 생물학적인 몸이 도태되고, 인간과 연결된 기계에 의해 완전히 성능이 증강된 인간으로 미국 국가정보위원회는 2030년경 슈퍼휴먼(Super-human)이 등장할 것이라고 밝혔다.

레이 커즈와일(Ray Kurzweil)도 2030년 안에 인간의 두뇌가 클라우드를 기반으로 한 기계적인 의식과 결합해 하이브리드(hybrid)적인 사고를 할 수 있을 것이라고 예측하였다.

2) 공모전 도전
○ 공모전 종류
- **마케팅 공모전**: 신세계유통 프론티어에서 백화점, 이마트 온라인몰 성장 전략을 위한 공모전, 아모레 퍼시픽에서 혁신상품, 신사업 및 프로모션 전략을 위한 공모전, 카페베네에서 각 국가별 진출 전략 및 현지화를 위한 공모전 등이

있다.

  – **광고 공모전**: 제일기획에서 '갤럭시 노트=혁신·창의'를 각인시키는 마케팅, HS애드에서 LG생활건강 '빌리프'의 브랜드 철학을 알리기 위한 온·오프 IMC 캠페인, KPR에서 기업PR, 마케팅PR, 브랜드PR 공모를 하였다.

  – **네이밍 공모전**: 눈에 보이는 상품명이나 눈에 보이지 않는 브랜드명을 공모하는 것인데 소비자(consumer)인 사용자(user)가 제품을 금방 인식할 수 있는 브랜드가 성공한다. 예를 들어 배달의 민족(배달을 애국심, 소속감으로 극대화), 샤넬(우아함, 가벼운 향기), 나이키(빠른 속도, 날렵한 느낌) 등이다.

  – **정책 공모전**: 저출산·고령화 정책, 청년 실업, 학교 폭력 등 사회문제에 대한 정책을 아이디어 차원에서 공모하는 것이다.

  – **아이디어 공모전**: AVK Future Mobility Challenge(미래 도로에는 운전자 없는 자동차 시대)처럼 기술이나 정책이 아닌 단순하지만 기발한 아이디어만 제공하는 공모전이다.

  ○ 공모전 준비
  – **기획서 방향**: 마케팅 툴(marketing tool)을 이용해서 기업의 문제점을 파악하고, 기업 성격에 맞게 전략을 제시하면서, 기대 효과를 검증할 수 있어야 한다.

  – **기획서 조건**: 믿을 수 있는 자료를 근거로 제시하고, 지표, 숫자로 명확히 전달하며, 키워드로 분명한 메시지를 전달한다. 픽토그램을 활용하여 슬라이드 마스터를 만든다.

  – **수상작 분석**: 이미 수상을 한 수상작부터 살펴봐야 한다. 우선 콘셉트가 무

엇인지 알아보고, 메시지가 눈에 잘 들어오는지 구성을 보며, 핵심 아이디어 도출 과정이 논리적인가를 진단해 보면서 시각적으로 내용을 잘 표현하고 있는지 즉 콘셉트, 구성, 논리, 디자인을 중심으로 분석한다.

- **기획서 쓰기**: 상황 분석을 하여 문제 도출을 하고 그 문제를 해결할 수 있는 전략 방안을 세우고 그 전략으로 얻을 수 있는 기대 효과까지 제시한다.

첫 번째 단계인 상황 분석은 PEST로 한다. 법적, 정치적 문제는 없는지 알아보는 political(정치적), 수익은 어느 정도인지 economical(경제적), 사회 구성원들에게 반감을 살 수 있는 요인은 없는지 socio-cultural(사회문화적), 기술적 오류는 없는지 technological(기술적) 살펴보는 것이다.

두 번째 문제 도출 단계에서는 주제에 맞는 문제를 도출하고, 사람들과의 인터뷰에서 아이디어를 구체화하며, 트렌드에 맞춰서 심리학 법칙을 이용하여 설명한다. 심리학 법칙 가운데 주요하게 사용하는 것은 다음과 같다.

- 에펠탑 효과: 자주 접하면 친숙해진다
- 베블런 효과: 가격이 올라도 수요가 줄지 않는다(VVIP)
- 깨진 유리창 법칙: 결함을 방치하면 점점 확대된다
- 프레임 효과: 틀에 따른 변화
- 넛지 효과: 강제하지 말고 부드러운 개입

세 번째 전략 방안 단계에서는 명확한 콘셉트를 잡는 것이 가장 중요하다. 콘셉트는 색달라야 주목을 받고, 일관성 있게 전달해야 하며, 스토리를 담아서 개성을 살리고 상상을 이미지로 보여 준다. 심사위원에게 첫 장에서 숲을 보여 주고 진행하면서 나무를 보여 주는 프로세스가 효과적이다. 숲은 기획안의 광고 역할을 하기 때문이다.

네 번째 기대 효과 단계에서는 기업의 언어로 이야기하고, 직관적으로 표현하여 기억에 남게 하며, 소비자로서 지나치지 않는 칭찬과 주문(제안)으로 마무리를 한다.

그 밖에 쉽게 기억할 수 있는 제목이 중요하며, 호감 있는 표지와 간결한 목차 그리고 꼼꼼한 참고자료 제시가 필요하다. 기획안 제출 전에는 오타가 있는지 점검해야지 오타 하나로 전체가 불성실하게 느껴질 수도 있다.

○ 브랜드 네이밍(Brand Naming)

브랜드가 기업의 운명을 좌우한다. 애플, 스타벅스, 나이키, 이케아는 이름을 듣는 순간 스마트폰, 커피, 스포츠 용품, 가구 제품을 떠올린다. 많은 기업들이 소비자 인식 속에 자사 제품 또는 서비스를 각인시키기 위한 전략으로 브랜드 네이밍에 많은 투자를 한다.

브랜드 네이밍에 세 가지 유형이 있다.

- **설명적 브랜드 네이밍**: 브랜드의 제품 또는 서비스를 직접적으로 설명하는 유형으로 소비자가 해당 브랜드의 특성을 쉽게 이해할 수 있다. 그러나 브랜드 네이밍의 차별성이 저하될 수 있다.

- **연상적 브랜드 네이밍**: 브랜드 네이밍을 듣고 소비자가 직관적으로 알 수는 없지만, 해당 브랜드가 어떤 제품과 서비스를 제공하는지 어느 정도 연상이 가능하다.

연상 작용을 일으키는 요소들을 잘못 조합하는 경우 부정적인 이미지를 줄 수 있으니 신중해야 한다.

- **상징적 브랜드 네이밍**: 브랜드 네이밍을 듣고 소비자가 제품이나 서비스를 전혀 유추할 수 없는 유형으로 시장 내에서 가장 차별성을 가질 수 있다. 하지만 소비자에게 네이밍을 인식시키기 위해서는 탄탄한 브랜드 스토리 구축과 지속적인 브랜드 커뮤니케이션 비용이 든다.

○ **기업광고**

기업광고(institutional advertising)에는 기업 이미지광고와 상품광고가 있는데 기업 이미지광고(image Ad.)는 기업 이미지 제고를 위한 광고로 소비자에게 호의적으로 다가가기 위한 네임 에드(name advertising)라고 한다.

상품광고(product Ad.)는 상품판매를 촉진하기 위한 광고로 상품의 장점을 잠재적 소비자에게 설득하여 해당 상품을 구매하도록 유도하는 상품판매 촉진이 가장 큰 목적이지만 오늘날의 상품광고는 상품에 주의를 기울이게 함으로써 상품을 기억하게 하거나 신뢰하게 만들어 결국 상품을 구매하도록 유도하는 우회적인 소구 방식이다.

마케팅 전문가 돈 슐츠(Don Schultz)는 저서 「광고전략 에센스」에서 광고전략을 위한 세 가지 주요 법칙으로 아래와 같이 제시하였다.

첫째, **모든 광고는 소비자의 관점으로**: 예상 고객의 흥미, 관심에 초점을 맞춘다.
둘째, **분명한 판매 메시지 전달**: 무엇을 왜 파는지에 대한 설득력이 있어야 구매에 영향을 미친다.
셋째, **제품이 제공하는 편익의 구매**: 소비자들은 성분, 내용물, 기능에 관심이 있는 것이 아니라 제공되는 편익에 관심이 있다.

광고의 홍수 속에서 선택적 지각에 휩싸인 불특정 다수의 소비자들을 향해 짧은 시간에 승부를 내야 하는 광고이기에 광고를 기획하는데 많은 노력이 필요하다.

강용철 · 정형근(2022), 「미디어 리터러시, 세상을 읽는 힘」, 샘터
김대호(2016), 「4차 산업혁명」, 커뮤니케이션북스
김재필(2021), 「ESG혁명이 온다」, 한스미디어
남애리 · 서현이(2008), 「살아 있는 라디오 방송글 이렇게 쓴다」, 시나리오 친구들
이혁진 · 마진용 · 김태성(2016), 「공모전 무작정 따라하기」, 길벗
장강명(2018), 「당선, 합격, 계급」, 민음사
장준환(2020), 「인텔렉추얼 비즈니스」, 한스콘텐츠
정숙(2008), 「재미있는 TV쇼오락예능 이렇게 쓴다」, 시나리오 친구들
정창권(2013), 「고전문학과 콘텐츠」, 월인
한지원(2008), 「깊이 있는 TV구성다큐멘터리 이렇게 쓴다」, 시나리오 친구들

한국콘텐츠진흥원(2023), '2022 디지털 콘텐츠 격차 해소를 위한 정책 방안 연구: 영상콘텐츠
    를 중심으로 결과보고서'
한국콘텐츠진흥원(2023), '콘텐츠산업의 ESG경영 확산을 위한 친환경 콘텐츠 제작 가이드라인
    개발연구'
한국콘텐츠진흥원(2023), 'K-콘텐츠, 한국경제의 게임체인저', 한국콘텐츠진흥원 성과보고회
한국콘텐츠진흥원(2023), '콘텐츠산업의 ESG경영 현황과 향후과제 연구 보고서'

강우일(2023), 'OTT 넘어 방송까지 확대된 자막', 『방송영상 트렌드&인사이트』, Vol.34, 한국콘
    텐츠진흥원
강태욱(2023), '누누티비와 영상 도둑질', 『방송영상 트렌드&인사이트』, Vol.34, 한국콘텐츠진흥원
김상진(2023), '방송제작 과정에서의 AI 트랜스포메이션', 『방송영상 트렌드&인사이트』, Vol.34,
    한국콘텐츠진흥원
김석현(2023), '새로운 코미디 메시아를 기다리며', 『방송작가』, Vol.203, 한국방송작가협회
김지학(2022), '소비의 대상인가, 가시화의 주체인가', 『방송작가』, Vol.197, 한국방송작가협회
류영우(2022), '솔루션쇼의 한국형 진화?', 『방송작가』, Vol.194, 한국방송작가협회
방연주(2022), '방송의 미래, 디지털 신대륙을 찾아서', 『방송작가』, Vol.200, 한국방송작가협회
손태영(2022), 'OTT 시대, 방송영상 콘텐츠 기획개발의 중요성', 『방송영상 트렌드&인사이트』,
    Vol.33, 한국콘텐츠진흥원
송선미(2022), 'AI 창작물의 저작권 보호에 관한 해외 동향', 한국저작권위원회
원순우(2022), '본격적으로 시작되는 TV와 OTT 콘텐츠의 화제성 경쟁', 『방송작가』, Vol.199, 한
    국방송작가협회
유건식(2023), '방송과 OTT의 협력, 어떻게 바라볼 것인가', Vol.205, 한국방송작가협회
유진희(2023), '시청방식 변화에 따른 요약본 시청 증가 원인', 『방송영상 트렌드&인사이트』,
    Vol.35, 한국콘텐츠진흥원
이은규(2023), '스토리텔링의 근본 역량을 키워야 한다', Vol.210, 한국방송작가협회

정민경(2023), '요약본의 확장과 콘텐츠 장르별 특성', 『방송영상 트렌드&인사이트』, Vol.35, 한국콘텐츠진흥원

정영준(2023) '유튜브로 간 코미디, TV와 상생할 수 있을까', 『방송작가』, Vol.203, 한국방송작가협회

조유빈(2022), '파라마운트+는 왜 티빙과 손을 잡았나', 『방송작가』, Vol.196, 한국방송작가협회

지성욱(2022), 'OTT 콘텐츠 성과 측정, 현주소와 보완점', 『방송작가』, Vol.199, 한국방송작가협회

천혜선(2023), '요약본 활용 전략: 콘텐츠 홍수 속에서 선택받기', 『방송영상 트렌드&인사이트』, Vol.35, 한국콘텐츠진흥원

하종원(2023), '모두를 위한 자막, 그 사회적 의미와 활용', 『방송영상 트렌드&인사이트』, Vol.34, 한국콘텐츠진흥원

한순천(2022), 'AR · VR · 메타버스 · AI, 방송 통해 만난다', 『방송작가』, Vol. 200, 한국방송작가협회

황진미(2022), '먹방을 보듯, 타인의 사생활을 즐기는 시대', 『방송작가』, Vol.197, 한국방송작가협회

'저작권청, 새로운 인공 지능 이니셔티브 시작, 미국저작권청 뉴스넷, 1004호(2023)

'챗GPT로 시작된 생성형 AI 시대', LIVE LG, 김영욱(2023-04-25)

'챗지피티 등 AI가 만든 창작물의 저작권은?', 뉴스드림 칼럼, 이용민(2023-04-25)

'美 저작권청, 사람의 창의성 입증된 AI 작품 저작권 인정', 지디넷코리아, 남혁우(2023-03-19)

'AI 창작물의 저작권 찾는다…워킹그룹 첫 회의—AI 저작권법 제도 개선 관련 워킹그룹 발족… 제도개선 방향 모색' 문화체육관광부저작권국 저작권 정책과 대한민국 정책 브리핑 (2023-02-24)

'美 저작권청, AI로 만든 이미지 저작권 인간 몫 아냐', 지디넷코리아, 김미정(2023-02-23)

' IP 경쟁과 플랫폼의 미래', 씨네21, 임수연(2023-02-02)

'2023년 다가올 영상 콘텐츠 트렌드 핵심 다섯 가지 키워드', 씨네21, 송경원(2023-02-02)

'잘 키운 스토리텔러가 K콘텐츠 시장 이끈다', 시사저널 1770호, 조유빈(2023-01-08)

'인물이 없는데 스타 탄생이래…긴장감 없는 오디션 프로그램', 텐아시아, 우빈(2023-01-10)

'AI 이미지 생성기 "스테이블디퓨전 3.0", 저작권자에 삭제 권한 준다', 지디넷코리아, 김미정 (2022-12-16)

'스테이블 디퓨전 2.0, 저작권 침해 및 성인용 콘텐츠 막는다', 지디넷코리아, 남혁우(2022-11-29)

'로마 정치인 키케로처럼…메타, 전략 짜고 협상하는 AI 개발', 지디넷코리아, 한세희(2022-11-28)

'카페24, 에디봇 AI가 썸네일 이미지 알아서 편집해 준다', 지디넷코리아, 백봉삼(2022-10-06)

'인공지능 그림 "악마의 영감을 받은 느낌"…미술전 1위 논란', 한겨레, 곽노필(2022-09-06)

'AI 인지검색 스타트업 올거나이즈, 일본 상장 추진', 지디넷코리아, 남혁우(2022-07-26)

「지식재산기본법」

「저작권법」

부록

촬영 용어(camera walk)
- T.U(till up): 카메라를 아래에서 위로
- T.D(till down): 카메라를 위에서 아래로
- Z.I(zoom in): 피사체에 가깝게 접근
- Z.O(zoom out): 피사체에서 점점 멀어짐
- Tr(tracking): 자동차가 달릴 때 밖의 풍경 촬영
- Pan: 돌리기(왼쪽에서 오른쪽으로)
- F.S(full shot): 전체 장면
- T.S(tight shot): 부분 장면
- Hight angle: 높은 곳에서 아래로, 부감
- Low angle: 아래에서 위로, 앙각
- Low level angle: 아예 낮은 앵글로, 얼굴을 보이지 않게
- Canted angle: 경사 앵글, 긴박감
- Bird's eye view: 아주 높은 곳에서, 헬기 촬영
- Normal angle 또는 eye level: 수평 앵글
- B.sh(bust shot): 가슴 위로 보이게
- W.sh(waist shot): 허리 위로 보이게
- Knee sh(knee shot): 무릎 위로 보이게
- 필드 카메라(field camera): 야외용 카메라
- 스튜디오 카메라(studio camera): 실내용 고정 카메라

화면 연출 용어
- F.O(fade out): 암전
- F.I(fade in): 환하게 밝아짐
- Frame in: 카메라가 고정된 상태에서 인물 등장
- Frame out: 카메라가 고정된 상태에서 인물 퇴장
- FF(full figure shot): full shot과 달리 머리끝부터 발끝까지 잡아서 인물의 움직임 강조
- CU(close up): 피사체에 가까이 다가가는 느낌으로
- ECU(extreme close up): 눈, 입, 손 등을 타이트하게
- LS(long shot): 멀리서 피사체를 보여 줌
- ELS(extreme long shot): 최대한 멀리서, 군중 속의 피사체
- MS(medium shot): 인물의 상반신이 프레임 안으로, 두 명을 함께 잡을 때
- CS(close shot): close up하여 인물의 감정을 담은 장면
- Over Shoulder Shot: 전면 인물은 앞모습, 후면 인물은 뒷모습, 토론의 경우
- 각광(foot light): 연기자의 발밑에서 위쪽으로 투사하는 조명
- 프리즈 프레임(freeze frame): 특정 영상 지점을 선정해서 정지된 효과

편집 용어
- Dissolve: 화면과 화면이 겹쳐짐
- BG(background): M(music), E(effect)로 구성
- Play Back: 화면 재생
- VPB(video play back): 비디오 재생
- Title Back: 프로그램 제목
- SK(sketch): 전체적인 내용을 간단히 스케치
- INT(insert): 프로그램 중간에 들어가는 비디오 클립
- SOV(sound of video): 현장에서 촬영한 현장음
- 더빙(dubbing): 대사를 다른 언어로 번역하여 녹음, 외화 더빙
- 래프 트랙(laugh track): 관객의 웃음소리를 녹음해 두었다가 삽입
- 매직 신(magic scene): 화면 합성법으로 배경에 하나의 피사체를 끼워 넣음
- 스톱 모션(stop motion): 정지 화면

스태프
- 프로듀서(producer): 연출자, PD
- 기술감독(technical director): 촬영 책임자, TD
- 치프 프로듀서(chief producer): 프로그램의 총 책임자, CP
- MD(master director): 주조정실에 근무하는 방송 운행의 책임자
- FD(floor director): 방청객들의 박수를 유도하는 등 녹화장 관리
- 플로어 매니저(floor manager): 헤드폰으로 조정실과 연결되어 연출자의 지시를 받아 진행
- Rep(reporter): 주로 현장에 나가서 취재한 내용을 전하는 리포터
- 스크립터(scripter): 자료 조사원, 작가 지망생이 자료조사를 하다가 작가로 성장
- 아트 디렉터(art director): 미술, 장치, 분장 등을 맡아서 관리

연출 용어
- 편성(programming): 프로그램을 배치하는 작업
- 구획편성(block programming): 같은 시간대 비슷한 프로그램 배치
- 편집(editing): 촬영한 내용의 군더더기를 잘라 냄
- 인써트 편집(insert edit): 전체 프로그램이 아닌 중간에 삽입되는 영상 편집
- 조그 셔틀(jog shuttle): 편집용 VCR(video cassette recorder)에 장착한 핸들
- 스테이션 브레이크(station break): 프로그램과 프로그램 사이
- 시급구분(time classification): 방송 시간대의 가치로 프라임타임, A타임, B타임
- 러닝 타임(running time): 방송되는 시간
- 주조정실(master control room): 주조, 제작과 송출을 지휘
- 콘솔(console): 주조에 있는 기계
- 오토큐(autocue): 텔리프롬프터, 프롬프터(prompter)
- 로케이션(location): 야외 촬영

- 루프(loop): 일정한 동작을 반복
- 리액션 샷(reaction shot): 방청객의 반응
- SI(sneak in): 음악이나 효과음을 작게 넣어서 크게 고조
- SO(sneak out): 몰래 나가 버림
- 오버 프레임(over frame), 오프 스크린(off screen), 오프 신(off scene), 오프 튜브(off tube): 말소리만 들리고 사람은 화면에 나타나지 않음, 중계방송 때
- 인스턴트 리플레이(instant replay): 스포츠 중계에서 결정적인 장면을 다시 보여 줌. 다른 각도에서 촬영한 장면 또는 느린 동작으로 보여 줌
- 카메라 블로킹(camera blocking): 카메라 움직임 기록
- 실루엣 조명(silhouette lighting): 인물이 아닌 배경에 조명
- 큐시트(cue sheet): 시간, 큐워드 등으로 간단히 적힌 진행 순서표로 큐사인의 포인트 제시
- 큐카드: 사회자들이 들고 있는 요약된 방송 원고
- 스탠바이(stand by): 준비
- 큐(cue): 시작
- 컷(cut): 여기까지
- 스팟(spot): 광고, 캠페인 등
- 파일럿 프로그램(pilot program): 정규방송 전에 미리 제작한 견본 프로그램
- 양화(positive film): 제작용 필름. 포지(posi)라고 함
- 음화(negative film): 원본
- 네트워크(network): 서로 다른 지역에 있는 두 개 혹은 그 이상의 방송국들이 동시에 같은 프로그램을 방송하는 시스템